地方の病院は「医師の働き方改革」で勝ち抜ける

医師・Basical Health産業医事務所 代表
佐藤文彦 著
Fumihiko Sato

中央経済社

はじめに

二〇一九年度から日本国内で「働き方改革」が一斉に開始され、大企業を含め数多くの一般企業では驚くようなスピードで残業が激減してきています。私自身、産業医としてさまざまな企業の衛生委員会に出席したり、また、産業医同士の勉強会などでディスカッションしたりする中で、この「残業激減」という劇的な変化の波を実際に強く肌で感じています。また、同じ産業医の先生方も口々に「ここまで変われるものなのか」とおっしゃるなど、驚きが隠せない様子です。

「残業時間は年間三百六十時間以内にとどめる」「四十五時間以上残業した月が年間七回を超えないようにする」といった基準は、ひと昔前には到底遵守不可能で非現実的だと思われていました。にもかかわらず、大企業を中心とした一般企業では、すでにかなりの水準で遵守されているのです。「二十四時間戦えますか」がサラリーマンの応援歌となっていた一世代前の日本では、全く想像もつかなかったような事態だと言わざるを得ません。

そして、いよいよ二〇二四年度からは「働き方改革関連法」によって医師に対する時間外労働上限規制の適用が開始されます。すなわち、二〇二四年三月三十一日までに、すべての医療機関が一般企業と同じく、国が定めた残業時間を遵守する体制を実現していかなくてはなりません。

しかしながら、現在のところ、医療現場では日当直を含め医師の時間外勤務がまだまだ多いのが実状であり、病院経営者層からも現場の医師たちからも「『医師の働き方改革』など、本当に実現可能なのか」と疑問視する声が聞こえてきます。

確かに医療機関の特殊性を踏まえれば、「医師の働き方改革」を実現することは、そう容易ではないと思われます。

しかし、不可能だと言われたような残業時間の大幅な削減が、大企業を含めた一般企業において現実のものとなってきている現在、医療機関に対する目も年々厳しくなっていくことは、想像に難くありません。何の策も講じずに手をこまねいているだけの状態で二〇二四年度を迎えてしまえば、労働基準法違反でペナルティを受けてしまうかもしれません。そして、さらに病院経営者層の方々が強く意識しなければならないのは、無策な状態が続いてしまっている場合、現場の医療スタッフたちの著しい士気の低下や、採用への多大な負の影響が避けられないでしょう。つまり、医師をはじめとしたあらゆる職種のスタッフの退職者が続出することも考えられます。

その理由としては、特に若い世代において、今や医師・医療職も含めて、深夜まで漫然と働いたり、土日も家庭を顧みずに働いたりすることが受け入れられなくなってきていることが挙げられます。こういった若手医師を、医療機関の経営者層の方々が「今どき風の根性のない考え方だ」とバッサリ批判するのは簡単でしょう。しかし、彼らの話にじっくり耳を傾けてみると、彼らにも大切にしたい価値観や医師・医療者としてのビジョンがあり、決して生半可な気持ちで医療現場に携わっているわけではないことが伝わってきます。医師として患者に貢献したいと思う半面で、一個人としてもより良い人生を実現させたいと願う彼らの気持ちは、今の時代、人として当然のものとなってきているとも言えます。

そして、そんな若手世代の意を汲んで、しっかりと勤務環境を整えた医療機関には、たくさんの医師・看護師を含む医療スタッフがこぞって集まり、そうではない医療機関からは医師や医療スタッフがどんどん離れていっているという事態は、すでに起こり始めていることも事実です。優秀な人材の争奪戦は年を追うごとに激化してきており、若い医師・医療スタッフたちに「自分たちの希望を叶えてもらえない職場だ」と思われてしまうや否や、優秀な人材ほどあっという間に、しかも大量に辞めていってしまう……。これからの時代に医療機関を経営していく上で、このような状況を、医療機関の経営者の方々は今まで以上に肌感覚として強く実感することが増えていくことでしょう。

逆に、こうした若い医師や医療スタッフたちに「自分たちの希望や目標を叶えてもらえる職場だ」と実感してもらえさえすれば、どんな地方にあるどんな規模の医療機関であっても、優秀な医師・医療スタッフが辞めていくことは少なくなり、必要な医師・医療スタッフの人員を継続的に確保し続けられることも十分に可能だと、私は考えます。

ある意味、令和の時代においては「優秀な人材が、何人入ってきたか」も重要ですが、「優秀な人材が、何人辞めていってしまったか」が、その組織（医療機関）の評価を示す大事な指標になるのではないでしょうか。

繰り返しになりますが、タイムリミットは二〇二四年三月三十一日。翌二〇二四年四月一日を迎えたときに、しっかりと準備が整っている病院と、そうでない病院とでは、今まで以上に医師や医療スタッフの数や質において、如実で決定的な差として現れているだろうことが予想されます。

そして、この二〇二四年春を、胸を張って迎えられた医療機関と、準備不足が露呈しないようにと引け目を感じている医療機関とでは、全スタッフのモチベーションも歴然とした差がついていると思われます。このように遅れをとってしまったとすれば、その差を取り戻すべく、結局のところ一周遅れの状態で「医師の働き方改革」に取り組み始めることになってしまうのではないでしょうか。

以上のように、いずれにせよいつかは「医師の働き方改革」を断行しなければなりません。そうであれば、いっそのことどこよりも早く本格的に「医師の働き方改革」への取り組みを開始して、今のうちに若い非常に優秀な医師・医療者たちにどんどん集まってもらえるよう病院内の勤務環境を整え始めることが、この時代に「勝ち残っていく」医療機関としての必須条件だと、私は考えます。だからこそ、今日からどのように対策を講じて、二〇二四年四月一日を迎えるようにすればよいのか、そのノウハウについて、本書を通して具体的にお示ししていきたいと思います。

医局員の残業ゼロを達成させた地方急性期病院の「働き方改革」

前置きが長くなりましたが、本書では、医療過疎に悩む地域での急性期病院において「医師の働き方改革」を成功させた事例をご紹介します。

私が単身赴任で順天堂大学静岡病院の糖尿病内科科長に着任し、われわれの診療科において医局員の労働環境改善に取り組み始めたのは、まだ「働き方改革」という言葉もなかった二〇一二年のことでした。その後二〜三年ほどで、医局員全員の残業時間が激減していくなど、目に見える形で成果が出るようになっていきました。そうした意味では、二〇二四年度から開始される「医師の働き方改革」のちょうど十年ほど前から、医局員全員の協力を得ながら「医師の働き方改革」を実現させていったことになります。

そして、この医局内の業務改善は私の退職後も継続しており、厚生労働省が管轄している「いきいき働く医療機関サポートＷｅｂ（いきサポ）」の中の医療機関の勤務環境改善についての「取組事例」としても紹介していただいております。

https://iryou-kinmukankyou.mhlw.go.jp/casestudy/issue-detail?issue-id=208

私自身は、科長職として医局内の診療環境を改善していく過程で、今で言う「医師の働き方改革」について、「コーチング」というコミュニケーションの手法を用いながら、部下の先生方と一緒に何度もディスカッションを行い、いろいろな施策を試行錯誤していきました。その過程で気づいたことは、「医師の働き方改革」の影響が単に「残業時間の削減」にとどまるものではないということです。つまり、医師個人が働きやすくなっただけでなく、組織（医療機関内）の活性化が図られ、さらに地域の開業医の先生方との医療連携の強化にもつながり、ひいては地域の活性化にまで広がっていくのだという、一連の価値の連鎖を体感することができました。医師の労働環境改善が、診療全体の質の向上にもつながったのです。

このような医療機関内での事例は、全国的にもまだまだ珍しいとのことで「医師の働き方改革」のモデルケースとして、先ほどのように厚生労働省からの視察を受けるにも至ったほか、各所から講演のご依頼をいただけるようにもなってきています。

「医師の働き方改革」を実現させる方法

「医師の働き方改革」をめぐっては、理論的にノウハウを解説する書籍は少しずつ出版され始めています。しかし、実際に医療現場の業務改革を行った知見をもとに、改革のポイントを体系的にまとめた書籍は皆無と言っても過言ではない状態ではないでしょうか。そういった面で、病院経営や医療現場のマネジメントに腐心されている多くの関係者の皆様・先生方にも、示唆に富んだ内容をお示しできるのではないかと思い、このたび筆を執らせていただきました。

本書ではまず、国が主導している「働き方改革」の概要を簡単に解説した上で、私自身が実際に「医師の働き方改革」を実践した経緯や、当時試行錯誤したことなどをご紹介していきます。

なお、医局員全員の残業をゼロにするにあたって、私が積極的に活用したのが、コーチングというコミュニケーションスキルです。本来、コーチング・スキルとは、部下をやる気にさせるために開発されたもので、それを患者さんにも応用した「医療コーチング」という分野も近年発展してきています。私自身も、もともとは糖尿病患者さんの行動変容をより多く引き起こすために「医療コーチング」を学び始め、それが「コーチング」を知るきっかけとなりました。

「医療コーチング」から得たコーチングの手法を、院内の医療スタッフのマネジメントにも用いたという、いわば「逆輸入」の形で有効活用を行い、結果的に医療機関の組織運営においてもコーチング・スキルが有用だということを身をもって実感できました。

実際には、大学分院の小さな医局の中での成功事例から得られた知見が中心になりますが、この「コーチング」を病院経営者の先生方や看護部長、診療部長の先生方といった、さらに高いポジションで働いておられる医療者の方々にも学んでいただくことは、優秀な人材が辞めない組織づくりにおいて極めて有意義であり、私自身が経験した以上に「医師の働き方改革」への大きな成果を、みなさまの病院内で得られるのではないかと強く期待しています。

さまざまな地方にある病院の経営状況の厳しさが、たびたびマスコミ報道で取り上げられている昨今ではありますが、大手企業で一般に行われているこのコミュニケーションスキルを、病院長や理事長の先生方が率先して実践され、病院内の労働環境を整えていかれることで、単なる残業削減だけにとどまらず、医療者が想像している以上に院内のさまざまな業務改善を図っていくことができると考えます。そして、さらに「医師の働き方改革」を進めていくことで、医療現場のスタッフたちのモチベーションも高めることもでき、今まで以上のクオリティの高い医療機関へと進化していくことも可能だと考えています。加えて、これらの一医療機関内の好循環は、その病院がある地域内の医療レベルの安定化や、その地域そのものの活性化にまで広がっていくことも期待できます。

本書が地元住民のみなさんはもちろん、高度な医療技術を駆使しながら日夜懸命に地域医療を支えてくださっている先生方がこれからも病院を辞めることなく、ずっと明るくやりがいを持って働き続けられる良いきっかけとなることを心から願っています。

さあ、みなさんの職場でも、早速今日から「医師の働き方改革」を始めてみませんか？

本書をお読みいただく前に

この本を読んでいただく上でのポイントをあらかじめお示ししておきたいと思います。「医師の働き方改革」についてすでに理解されている方や、まずは実際の事例をお知りになりたい方は、是非、第2章「伊豆での取り組みについて」から読み始めていただければと思います。病院内の労働環境改善に未だ手が付けられていないという方や、まだ「医師の働き方改革」についてあまり詳しくないという方は、第1章から順番にお読みください。

二〇二〇年十月

佐藤　文彦

目次

第1章 「医師の働き方改革」の全容

第2章

伊豆での取り組みについて

第3章

「医師の働き方改革」が実現化すると、見えてくるもの——85

第4章

すべての病院で、「医師の働き方改革」は可能である——133

第5章

コーチングとは

第1章

「医師の働き方改革」の全容

「医師の働き方改革」

二〇一九年春から日本中で本格的にスタートした「働き方改革」。この取り組みは、少子高齢化が進み、労働力人口が減少している日本において、多様な働き方を可能とさせることで「一億総活躍社会」を実現させることを目的としています[1]（※）。社会全体的な動きとしては、まず大企業を中心に「残業時間の罰則付き上限規制」などが施行され、二〇二〇年四月以降は中小企業に、そして、二〇二四年四月からは医療機関にも「働き方改革法」の改正事項が順次適用されていく予定となっています。

産業医の立場から申し上げると、**一般企業を中心に適用され始めた「働き方改革」による企業の業務改善効果は、われわれが想像していた以上にすでに日本中に波及していると言えます。**実際に、多くの大企業では軒並み大幅な残業削減がなされ、今後は中小企業においても同様の波が本格的に訪れるのだとすれば、日本中から残業という概念そのものが一気になくなっていくのかもしれません。

日本社会の中で、このように抜本的に社会風土や世論が変わっていった事例として、われわれがイメージしやすいのは「禁煙対策」だと思います。昭和の時代には当たり前のように、オ

【図表1】医療機関における医師の労働時間の短縮に向けてのロードマップ

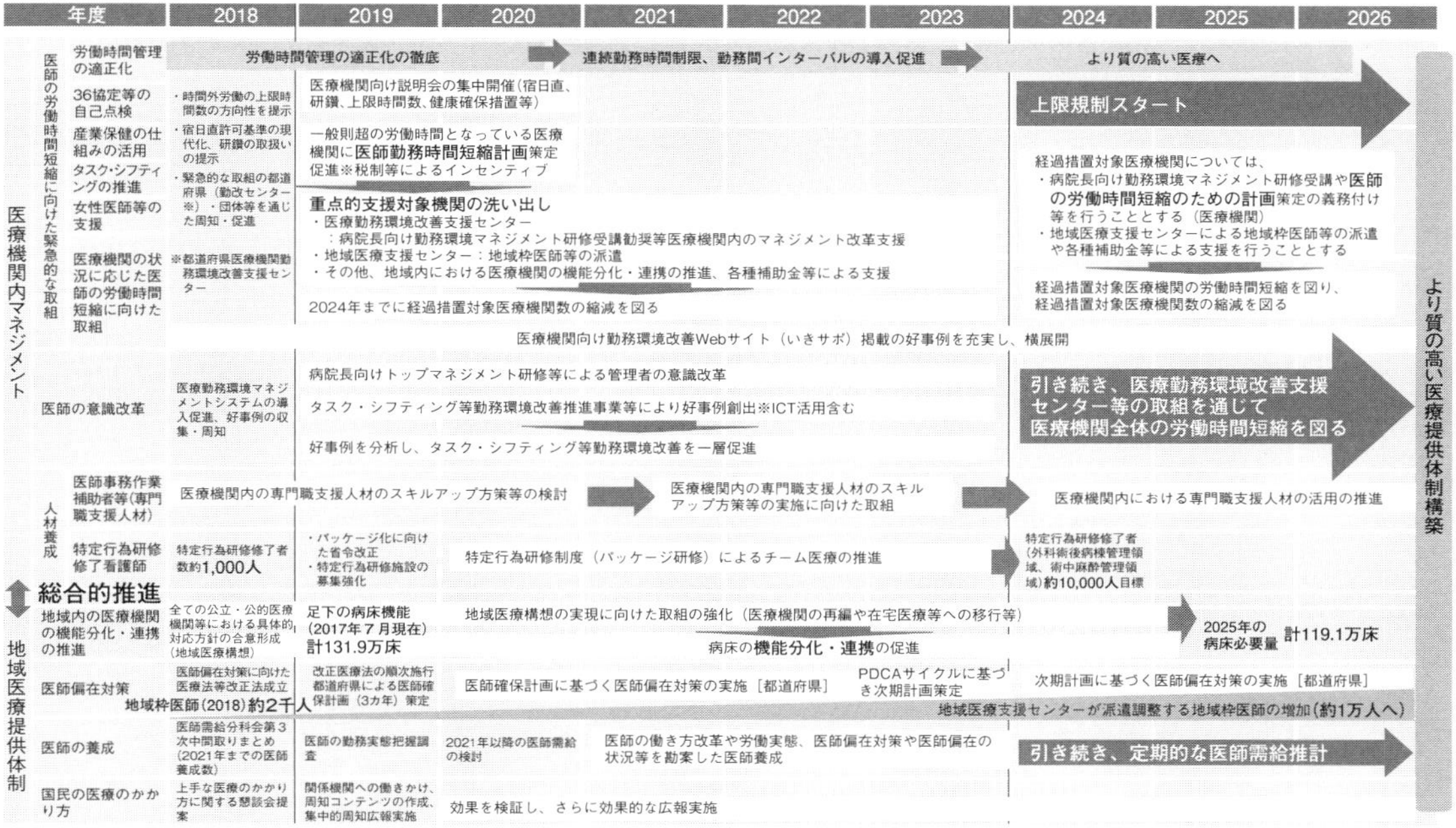

出所：厚生労働省「医師の働き方改革に関する検討会」（第18回）資料
https://www.mhlw.go.jp/content/10800000/000477078.pdf

1 http://www.kantei.go.jp/jp/headline/ichiokusoukatsuyaku/hatarakikata.html

フィス内だけでなく職員室や医局内でもタバコが吸われていましたが、今日の若い人たちからすればそんな光景は全く信じ難いかもしれません。そういった喫煙環境の変化と同様、これからの時代では、**「残業」というものが驚くほどの勢いでなくなっていく可能性が十分に考えられます。**

図表1の通り、この「働き方改革改正法」が医療機関に適用されるのは、二〇二四年四月です。中小企業に対して一年の猶予が与えられていたのに対し、医療機関には五年の猶予が与えられました。この間に病院経営者や管理職、事務部門の担当者が、「政府が示した水準」を満たせるよう、各医療機関において労働環境の改善に努めなければなりません。では、この「政府が示した水準」がどのようなものなのかについて見ていきましょう。

図表2に示す通り、これまで「青天井」とされてきた医師の残業時間が、二〇二四年四月からは「年間九百六十時間まで（A水準）」と明確な規定が設けられることになります。月間で考えると毎月八十時間までとなり、週末の勤務はなく、月二十日間出勤するとすれば、一日四時間程度の残業時間であれば労務管理上「問題がない水準」に収まるということになります。

それに対して、現状はどうであるか見てみましょう。厚生労働省の発表によると、**図表3**のように、全国に二十万人程度存在する病院勤務医のうち、およそ四割の医師は年間残業時間がA水準の九百六十時間の水準を上回っているとのこと。この水準を上回っている医師の診療科には、やはり第三次救急医療機関での救急科・外科系・内科系の医師で、日夜救急対応で活躍されている先生方や研修医が多いと考えられ、国もこれらの医師に関して、この制限を遵守してもらうことに限界があるということを考慮しています。

このため、年間九百六十時間以上の時間外勤務の必要性があると判断した一部の特定の医師に限り、各医療機関から都道府県等に申請を行うことで、これらの医師・研修医が「地域医療確保暫定特例水準」（B水準）または「集中的技能向上水準」（C水準）に認められれば、特別に「年間千八百六十時間まで残業してもよい」ことが「暫定的に」認められることになります。

ただし現状では、このように年間千八百六十時間の水準をも上回る残業を行っている医師が、二万人程度存在すると推計されており（**図表3**）、国としてもこれらの医師に関しては医療機関が積極的なマネジメント等を行い、残業時間の削減に努めることを求めています。

なお、この措置はあくまで「暫定的」なものであり、国としては、二〇三五年度末以降までにB水準・C水準それぞれの医療機関の残業上限を縮減させていきたいとの考えです。

まず、各医療機関としては、自院の医師全員がA水準からC水準のうちのいずれに該当するのか、速やかにシミュレーションを行い、必要に応じて都道府県等への申請作業を早急に進めなければなりません。四年後には、都道府県からの認可が下りていなければならないわけですから、逆算すると二〇二二年度中には、二〇二四年度以降において医師にどのような働き方を

【図表２】医師の時間外労働規制について

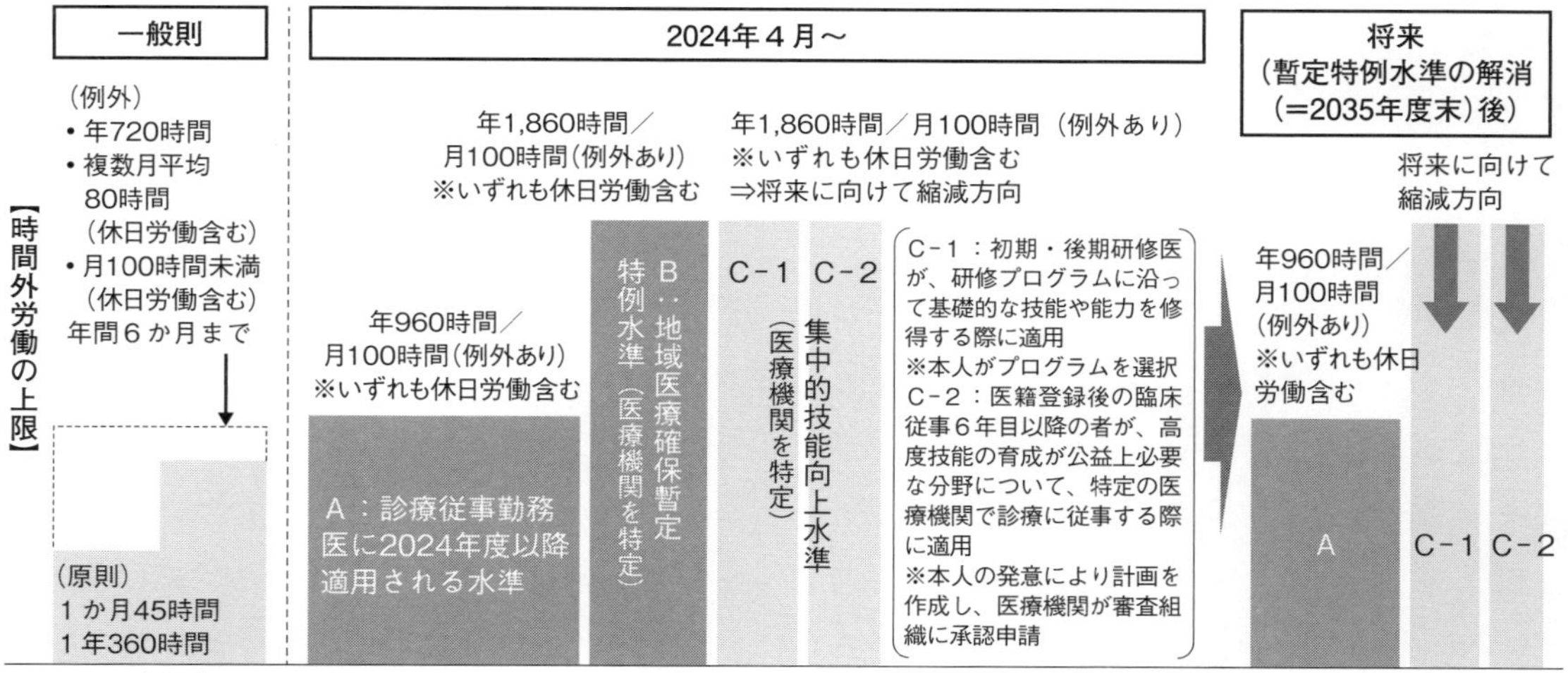

一般則
2024年４月～
将来
（暫定特例水準の解消
（＝2035年度末）後）
【時間外労働の上限】
（例外）
• 年720時間
• 複数月平均
80時間
（休日労働含む）
• 月100時間未満
（休日労働含む）
年間６か月まで
（原則）
１か月45時間
１年360時間
年960時間／
月100時間（例外あり）
※いずれも休日労働含む
A：診療従事勤務医に2024年度以降適用される水準
年1,860時間／
月100時間（例外あり）
※いずれも休日労働含む
B：地域医療確保暫定特例水準（医療機関を特定）
年1,860時間／月100時間（例外あり）
※いずれも休日労働含む
⇒将来に向けて縮減方向
C－1
C－2
集中的技能向上水準（医療機関を特定）
C－1：初期・後期研修医が、研修プログラムに沿って基礎的な技能や能力を修得する際に適用
※本人がプログラムを選択
C－2：医籍登録後の臨床従事６年目以降の者が、高度技能の育成が公益上必要な分野について、特定の医療機関で診療に従事する際に適用
※本人の発意により計画を作成し、医療機関が審査組織に承認申請
年960時間／
月100時間
（例外あり）
※いずれも休日労働含む
将来に向けて
縮減方向
A
C－1
C－2

※この（原則）については医師も同様。

【追加的健康確保措置】	月の上限を超える場合の面接指導と就業上の措置（いわゆるドクターストップ）					
	＋ 連続勤務時間制限28時間・勤務間インターバル9時間の確保・代償休息のセット（努力義務） ※実際に定める36協定の上限時間数が一般則を超えない場合を除く。	＋ 連続勤務時間制限28時間・勤務間インターバル9時間の確保・代償休息のセット（義務）	＋ 連続勤務時間制限28時間・勤務間インターバル9時間の確保・代償休息のセット（義務） ※初期研修医については連続勤務時間制限を強化して徹底（代償休息不要）		＋ 連続勤務時間制限28時間・勤務間インターバル9時間の確保・代償休息のセット（努力義務） ※実際に定める36協定の上限時間数が一般則を超えない場合を除く。	＋ 連続勤務時間制限28時間・勤務間インターバル9時間の確保・代償休息のセット（義務）

※あわせて月155時間を超える場合には労働時間短縮の具体的取組を講ずる。

出所：厚生労働省「医師の働き方改革に関する検討会」報告書
https://www.mhlw.go.jp/content/10800000/000496522.pdf

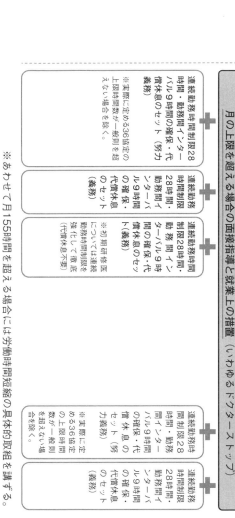

【図表3】病院勤務医の働き方の変化イメージ

2024年４月とその後に向けた改革のイメージ②（案）

□2024.4以降、暫定特例水準を超える時間外労働の医師は存在してはならないこととなり、暫定特例水準対象の医師についても、時間外労働が年960時間以内となるよう労働時間短縮に取り組んでいく。

■病院勤務医の働き方の変化のイメージ

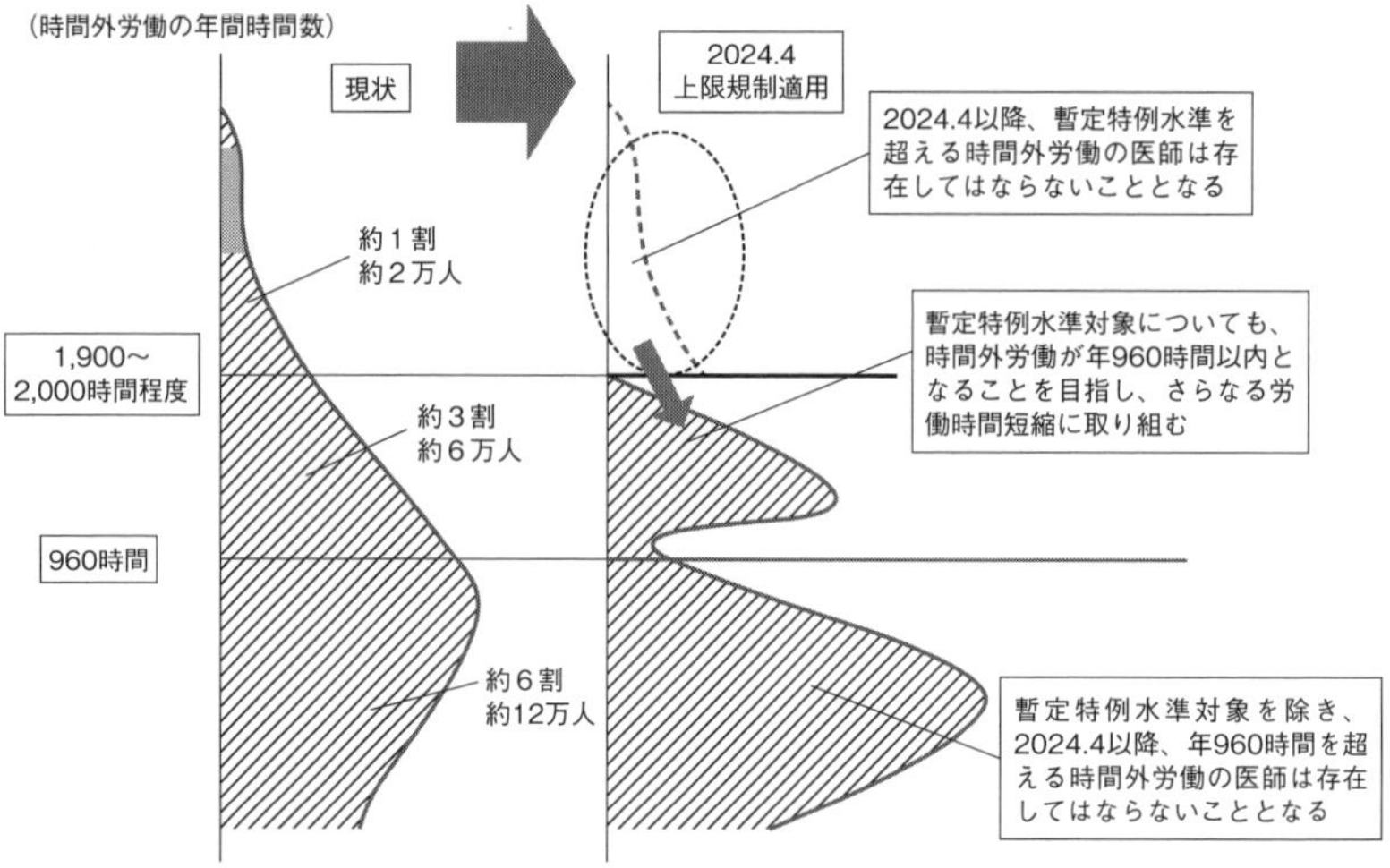

出所：厚生労働省「医師の働き方改革に関する検討会」（第18回）資料
https://www.mhlw.go.jp/content/10800000/000477078.pdf

させるのかシミュレーションを完了させ、医師の残業時間をその枠内に収められるように、さまざまな手立てを打ち始める必要があるでしょう。このようにしてみると、医療機関側には実は、ほとんど時間的な猶予がないこともわかってきます。

しかも、「医師の働き方をシミュレーションし、何らかの策を講じる」ということがいかに困難なチャレンジであるかは、医療機関で労務管理に携わっている方々であれば容易に想像できるのではないでしょうか。というのも、これまで日本の多くの医療機関は、このような労働環境改善のための方策にほとんど取り組まれてこなかったからです。そもそも「三六《サブロク》協定」すら締結されていない医療機関もあるかもしれませんし、勤務医の労働時間を正確に把握できていないところもまだまだ珍しくないかもしれません。

まずは「労働環境の改善」以前に、労務管理上の問題を速やかに是正していくことが必要な医療機関も少なからずあるでしょう。また、たとえ労務管理上は問題のない制度が整っていたとしても、先ほど申し上げた通り、勤務医の一割に当たる二万人程度は、二千時間以上残業を行っており、明らかに業務過多に陥っている状態が長年続いてしまっています。

しかし、令和の時代、**多くの若手医師は「ワーク・ライフ・バランス」を重要視しており、医師にとって働きやすい環境を整えるために医療機関が業務改善を行っているか否かについて、非常に高い関心を持っています。**そして、その医療機関がどの程度「医師の働き方改革」に取り組んでいるのかを、彼らはＳＮＳ等を使って情報交換しています。

逆に考えれば、周りの医療機関よりも先んじて**これら「医師の働き方改革」についての課題に取り組めば、そうした良い情報が、若手医師たちの発信を通じてどんどん拡散してもらえる**ということにつながっていきます。つまり、極めてローコストな宣伝にもつながっていきます。そういった意味でも、私たちが思っている以上に、**早くから「医師の働き方改革」に取り組むことは、若い優秀な医師・医療スタッフに集まってもらうために極めて有益**であると言えます。

なお、国は働き方改革を推進する上で、医師の労働時間短縮に向けた具体的な取り組み方法として、医療機関には二〇二四年までに次の五つの方策が必要だと打ち出しています（**図表4**）。これらの取り組みに加え、二〇二四年までの「労働時間削減の目標と前年度実績」を提

【図表４】医師労働時間短縮計画の項目例（案）

1．時間外労働の状況 **【必須記載事項】**

2024年度までの労働時間削減の目標と前年度実績

- 平均時間数
- 最長時間数
- 960～1860時間の医師の人数・割合／960～1860時間の医師の属性（診療科毎）
- 1860時間超の医師の人数・割合／1860時間超の医師の属性（診療科毎）

2．労働時間短縮に向けた取組 **【一部必須記載事項とすることを検討】**

意識改革・啓発
- 管理者マネジメント研修
- 患者への医師の働き方改革に関する説明
- 働き方改革について医師の意見を聞く仕組み
- ・・・

タスク・シフティング
- 初診時の予診
- 検査手順の説明や入院の説明
- 薬の説明や服薬の指導
- 静脈採血
- 静脈注射
- 静脈ラインの確保
- 尿道カテーテルの留置
- 診断書等の代行入力
- 患者の移動
- ・・・

労務管理
- 労働時間管理方法
- 宿日直許可基準に沿った運用
- 研鑽の時間管理
- 労使の話し合い、36協定の締結
- 衛生委員会、産業医等の活用、面接指導の実施体制
- 勤務間インターバル、面接指導等の追加的健康確保措置の実施
- ・・・

医師の業務の見直し
- 平日日中の外来業務の見直し
- 夜間休日の外来業務の見直し
- 当直の分担の見直し
- オンコール体制の見直し
- 診療科編成の見直し
- 主治医制の見直し
- 総合診療科の活用
- 勤務時間内の病状説明
- 連続勤務時間制限
- 勤務間インターバル
- 勤務日数の縮減
- 委員会、会議の見直し
- ・・・

勤務環境改善
- ICTの導入、その他の設備投資
- 出産・子育て・介護に関する復職、両立支援
- 更なるチーム医療の推進
- ・・・

⇒ 労働時間の削減目標未達成の場合、計画の見直し等により追加的な対策を講じる必要

出所：厚生労働省「医師の働き方改革の推進に関する検討会」（第２回）資料
https://www.mhlw.go.jp/content/10800000/000543084.pdf

出させていくことで、医療機関側に労働環境の是正を迫っているのです。

意識改革・啓発

ポイント
- 管理者マネジメント研修
- 患者への「医師の働き方改革」に関する説明
- 働き方改革について医師の意見を聞く仕組みなど

本書においてご紹介するコーチングやチームビルディングの手法は、厚生労働省が示したこの「意識改革・啓発」の内容とも大きく重なる部分となります。とはいえ、こうした内容は、これまでの医療機関においては一般的ではなかったかもしれません。

たとえば、大手企業であれば、幹部クラスへの教育プ

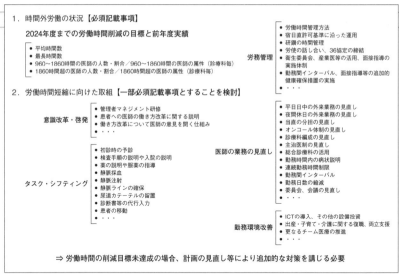

ログラムとして、チームビルディングやコーチングを学ばせる研修などが毎年必ず組み込まれていたりします。

しかし、多くの医療機関の管理者の先生方が忙しい業務の合間をぬって研修に参加し、院内の医療スタッフや患者さんに対して、「医師の働き方改革」に関する啓発活動をスムーズに行ってきたかというと、残念ながらそうではないのが実状でしょう。

私自身、産業医になってから、自らチームビルディングの講師ができるようにトレーニングを行い、企業へのコンサルティングも行うようになっていますが、医療機関においても、チームビルディングや組織マネジメントについてきちんと学んでいくことが、これからの時代を勝ち残っていくために必須だと考えています。こういったトレーニングは、組織内の活性化という意味でも、地域の医療ニーズをきちんと拾い上げていくためにも、医療機関の経営や管理監督に携わる医師として欠かせないものであると思われます。

タスク・シフティング

ポイント

- 初診時の予診
- 検査手順の説明や入院の説明
- 薬の説明や服薬の指導
- 静脈採血
- 静脈注射
- 静脈ラインの確保
- 尿道カテーテルの留置
- 診断書等の代行入力
- 患者の移動など

チーム医療の必要性が叫ばれて久しい状況ですが、多くの医療機関においては、まだまだ他業種にタスクシフトできる業務が院内に数多く残っているのではないでしょうか。また、理屈としてはタスクシフトの必要性を理解していながらも、なかなかコメディカルスタッフに業務委譲をしたがらない医師が多いのも事実です。

医師がめいっぱい業務を抱え込むのではなく、積極的に看護師や薬剤師をはじめ、他職種に業務を任せていく。これを実現化していくためには、各コメディカルへのより高度なトレーニングのみならず、そもそも**医師自身が「覚悟を持って業務委譲・権限委譲を行っていく」必要**もあるでしょう。

こういった取り組みを支援しようと、昨今の診療報酬改定では医師事務作業補助者に対する加算も充実してきています。そうしたスタッフを採用することで、医師が本来業務に集中できるような環境を積極的に整えていくことが、各医療機関には強く求められています。

加えてこれらのタスク・シフティングは、医師の業務負荷を減らすだけではなく、**コメディカルスタッフのスキルアップ、モチベーションアップにもつながっていきます**。それが、結果的には**コメディカルスタッフの離職率を引き下げる役割をも果たし、持続的に安定した病院経営を支える下地となっていく**ことが期待できます。

実際にわれわれの行った取り組みでも、われわれ医師が「覚悟を持って業務委譲・権限委譲を行っていく」ことによって、予想以上に医師の残業削減や、コメディカルスタッフのスキルアップ、モチベーションアップにつながっていきました。食わず嫌いのままでいるのではなく、だまされたと思って、まずは一度「覚悟を持って業務委譲・権限委譲を行っていく」ことを、特に管理職以上の医師の先生方には強くお勧めします。

労務管理

ポイント

- 労働時間管理方法
- 宿日直許可基準に沿った運用
- 研鑽の時間管理
- 労使の話し合い、三六協定の締結
- 安全衛生委員会、産業医等の活用、面接指導の実施体制
- 勤務間インターバル、面接指導等の追加的健康確保措置の実施など

基本的な内容と言えますが、いまだ三六協定を締結していない医療機関もないとは言えないのが実情です。こうした最低限の事項については行政からも必ず指摘が入るだけでなく、労務管理の大前提とも言えますので、速やかに状況を整えて、衛生委員会や産業医の活用なども含め、勤務環境改善を実行に移していくことが必要です。

そのうえで二〇二四年の「医師の働き方改革」に向け、日当直勤務がある病院などにおいて注意しなければならないのは「勤務間インターバルの対策」です。当直明けからそのまま通常の日勤業務も引き続き行っている医療機関では、現状の医師数でも勤務間インターバルを設けることが可能かどうか、まずは一度シミュレーションを行う必要があると思います。そして、やはり無理があるようであれば、早急に「医師の働き方改革」対策プロジェクトチームを立ち上げて、インターバル期間中に、非常勤医師の補塡を行うといった具体的な対策等を考慮していかなければならないでしょう。二〇二四年春直前になって、あわてて非常勤医師を補塡しようと求人を出しても、そのときにはすでに他の医療機関にみんな確保されてしまっていた。そんな事態は何としても避けなければなりません。

そして、医師の場合、この他にも、「副業」として他病院へのアルバイト当直やアルバイト外来を行っているケースも少なくありません。これらの業務についても労働時間には含まれますので、医療機関側としても、今後は今まで以上にこれらの業務内容についての確認作業を医師一人ひとりと行い、過剰な労働時間とならないような配慮をしていく必要があります。

また、専門医取得のため、学会発表のための臨床研究のデータ管理やスライドづくりといった「自己研鑽」の時間も、あらかじめ考慮していく必要があります。一年中、あまりに通常の業務量が多く、労働時間が多い医師の場合、この「自己研鑽」の時間をどうしていくかが悩ましい問題となっていきます。ただ、各医師のキャリアアップのためには「学会発表」等は避けて通れないものです。この場合、「自己研鑽」の時間を捻出するため、当直等の業務量を減らす目的で、先ほどの「非常勤医師の補塡」を考慮するといった臨時措置も必要となるかもしれません。

医師の業務の見直し

ポイント

- 平日日中の外来業務の見直し
- 夜間休日の外来業務の見直し
- 当直の分担の見直し
- オンコール体制の見直し
- 診療科編成の見直し
- 主治医制の見直し
- 総合診療科の活用
- 勤務時間内の病状説明

- 連続勤務時間制限
- 勤務間インターバル
- 勤務日数の縮減
- 委員会、会議の見直しなど

「医師の働き方改革」を実現させる上では、「医師・職員の人数」を意識するだけでなく、現状の診療体制を抜本的に見直す必要もあります。

先ほど述べた、当直明けでの連続勤務時間制限を考慮しなければならない場合に、勤務間インターバルを設けるとすると、今までのような「一人主治医制」では、平日に主治医が不在になる事態が想定されます。そのため、今後、「主治医チーム制」に移行していくという大きな方針転換を、今のうちから決断していく必要があります。また、常勤医は平日の通常時間帯の医療業務に専念してもらうため、当直業務については非常勤医に対応してもらうことも一案です。また、平日に主治医が不在になっているときに、専門医資格を持つ女性医師を活用するといった、ダイバーシティ的な柔軟な対応策もどんどん組み入れていくなど、**病院経営者の方々の「覚悟」が強く求められる時代**がきています。

勤務環境改善

ポイント
- ＩＣＴの導入、その他の設備投資
- 出産・子育て・介護に関する復職、両立支援
- さらなるチーム医療の推進など

女性医師の数が増え始めている昨今、育児と仕事の両立支援は欠かせないものとなってきています。また、勤務間インターバルで平日休むことになる医師の代役として、専門医資格を持っている女性医師の活用をしていくなど、お互いにとってWin-Winの関係を構築していくことも強く求められてきています。

一方で、このように上手にダイバーシティを取り入れているということは、その医療機関のブランディングやイメージアップにもつなげていくことができます。育児中の女性医師やコメディカルスタッフにとって、働きやすい環境を整える上では、厚生労働省が認定を行っている「くるみんマーク」[2]や経済産業省が認定を行っている健康経営優良法人認定制度「ホワイト５００」[3]等を取得してみるのも一手です。これらの認定を取得する過程で、「子育て世代の職

員にとって働きやすい環境がそもそもどのようなものなのか」を考えるきっかけになり、自院の課題が明確になるほか、認定が取れれば、採用時には大きなアドバンテージも見込めます。こうした制度も活用しながら、自院ならではの勤務環境を整えていくとよいでしょう。

事実、公益社団法人日本医師会も「健康経営優良法人２０２０（大規模法人部門）」に認定されたことが報道されています。[4]

実際に、大手企業を含めた一般企業では、これらの「くるみんマーク」や「ホワイト５００」等の認定を取得できたときには、すかさず職員全員の名刺を、これらの認証ロゴ入りに一気に刷り替える企業も少なくありません。なぜなら、これらのロゴは**「他者から自社を「ホワイト企業」としてみてもらえる強力なアピール・ポイントになる」**と考えている企業が多いからです。

このほか、医療過疎の地域においては、遠隔診療などのＩＣＴ導入も積極的に取り入れて、患者さんと医療機関との移動距離を縮めていく工夫も強く求められてきています。その病院に合ったＩＣＴを導入できれば、医師を含めた医療者の勤務時間短縮の観点からも、非常に有用な手段となることが想像できます。特に二〇二〇年度以降は、勤務環境是正に活用できそうな

2 https://www.mhlw.go.jp/stf/seisakunitsuite/bunya/kodomo/shokuba_kosodate/kurumin/index.html
3 https://www.meti.go.jp/policy/mono_info_service/healthcare/kenkoukeiei_yuryouhouzin.html
4 日医ニュース第一四〇六号（二〇二〇年四月五日）

補助金も充実していくことが予想されますので、今まで以上に積極的に導入を考慮していくことが大切です。

また、「医師の働き方改革」の推進に関しては、「いきいき働く医療機関サポートＷｅｂ（いきサポ）」[5]という厚生労働省の情報サイトに役立つ内容が詳しくかつわかりやすく掲載されていますので、随時チェックされるとよいでしょう。

このほかにも、地元の社会保険労務士さんと連携をしたり、民間企業においてもコーチング等を用いて院内の労働環境の課題を抽出したりといった、コンサルティングサービスが以前よりも活発に展開されています。ご自身の医療機関の特性も踏まえて、このようなアウトソーシングの利用をご検討されることも、「医師の働き方改革」を推進していく上において非常に有効です。

二〇二四年までの猶予はあとわずか

以上のように、「医師の働き方改革」に向けての重要な対策は想像以上に数多くあります。一般企業と異なり、このような労務管理やチームビルディングがこれまでほとんど行われてこなかった医療業界において、二〇二四年春までに全国各地の医療機関が「医師の働き方改革」

を完遂させることは、並大抵のことではないと、多くの医師が感じているのではないでしょうか。

しかし一方で、ほとんどの大手企業においても「不可能」と目されていた「残業時間削減」という大きな課題が、着実に解消されていっている現状の中で、医療業界だけがいつまでも労働環境を是正できないとすると、優秀な若者たちが医師・医療の世界を目指さなくなる恐れがあります。

もちろん、目下行われている「医師の働き方改革」は、医療現場で働く医師たちの労働環境是正を行っていくものです。しかし広い視野でみると、優秀な医師をしっかりと育成し、モチベーションの高い状態で、末永く第一線の医療現場で活躍してもらえるような環境をつくっていくことも、「医師の働き方改革」のゴールとしてしっかりと見据えていく必要があります。このように、医療界の永続的な発展のためにも「医師の働き方改革」は、今このタイミングで行われるべき必要不可欠な事案なのです。

5　https://iryou-kinmukankyou.mhlw.go.jp/

第2章

伊豆での取り組みについて

「医師の働き方改革」の概況についてご紹介してきました。ここからは、私自身がどのようにして医療現場でコーチングを行い、医師の働き方を変えていったのかをご紹介していきたいと思います。

（コーチングの概要についてご興味のある方は、第5章をご参照ください。）

順天堂大学附属静岡病院への着任

「四年間、静岡に行ってくれないか」

私が教授に呼び出され、このように告げられたのは、忘れもしない二〇一二年の閏日のことでした。私が所属していた順天堂大学において「静岡」というのは、順天堂大学医学部附属静岡病院のことを指します。中伊豆の伊豆長岡温泉街に位置するこの病院の周辺は、救急医療の担い手となる医療機関が年々減少。静岡病院のウェブサイトによると、救急車搬送件数は六千六百九十二件、ドクターヘリの出動件数は千三百三十九件（二〇一八年度）と、日本の中でも有数の第三次救急病院となっており、「地域の砦」とも言える伊豆地域の拠点病院です。[6]

この病院に糖尿病・内分泌内科の科長として赴任を命じられた当時、私は四十一歳でした。たとえ分院であったとしても、大学病院であれば内科系の科長のポジションに就任するのは五十・六十歳代の医師がほとんどの中、私の人事異動はかなり異例であったように思います。念のため申し上げておきますが、そんな「異例の人事」が実現した理由は、私が優秀だったからではありません。率直に申し上げて、私の他に「この病院に赴任したい」と思う医師が、なかなかいなかったからだと思っています。

日本中のさまざまな地方と同様に、中小の医療機関が次々と廃業・縮小に追い込まれている伊豆半島において、静岡病院が果たしている役割の大きさは、もちろん医局員であれば誰もが知るところです。しかし、それと引き換えに自分自身の生活が犠牲となってしまう可能性は否めず、当時は「医局の中で人気のない派遣先」となっていた実情もありました。

もちろんそうした認識は、当時の私も十分に持っており、正直なところ最も行きたくない派遣病院でもありました。「まさか自分がこの年齢で静岡病院への赴任を言い渡されるとは」とかなり驚いたものの、「天邪鬼《あまのじゃく》」な性格でもある私は、二つ返事で赴任を了承しました。私を任命してくれた教授も、なかなか誰も引き受けてもらえず困っておられるのかなと、私自身が勝手に忖度してしまったところもあります。

こうしてあっけなく、小学二年生と四年生の子どもがいる中での、四年間の単身赴任が決まってしまったのです。

6 https://www.hosp-shizuoka.juntendo.ac.jp/department/lifesaving/activity-report/

静岡病院着任時の問題点

着任当初、静岡病院には以下のような問題点がありました。

われわれの問題点

- 医局員全員の残業時間が多い
- 救急外来搬送患者が多い
- 都心から離れた地方生活

地域の問題点

- 地域内の糖尿病医療の整備が未成熟
- 地元の一般開業医の先生方との連携が希薄
- 糖尿病療養指導士の不足

静岡病院には医学生時代のポリクリ（臨床実習）でしか訪れたことがなく、医師として働いたことは一度もありませんでした。そうした中、実際に着任して驚いたのは、本当に連日、何度もドクターヘリが離着陸していることでした。

下田・南伊豆エリアから、救急車で搬送されるとなると、歌手の石川さゆりさんの名曲「天城越え」で有名な天城峠を、まさしく越えてくる必要があります。救急車での搬送では、一時間二十～三十分程度の時間がどうしてもかかってしまいますが、これがドクターヘリであれば十～十五分で十分到着できるとあって、伊豆半島全域から富士・富士宮エリアや、御殿場・裾野エリア辺りまでを含めた静岡県東部において、静岡病院のドクターヘリは「なくてはならない存在」となっています。

この病院のヘリポートは、病院の屋上に設置されており、病院の建物の内にいると、ドクターヘリが着陸するたびに、体感として毎回震度一～二くらいの揺れを感じるのですが、赴任した時期が東日本大震災の翌年だったこともあり、当初は着陸のたびに「また地震か⁉」と、ビクっとしたほどです。

こうして、静岡病院がまさに、地域にとってなくてはならない拠点病院なのだということを、文字通り肌で感じました。

このような地域特性もあって、病院内は、まさに「野戦病院」と言えるほどの状況になることもあります。バイクで転倒して複雑骨折した患者さんや、ゴルフ場で心筋梗塞によって倒れてしまった患者さんなど、さまざまな疾患の方が搬送されてきます。

もちろん、糖尿病内科に直接、ドクターヘリで搬送するような患者さんの要請が来ることは少ないのですが、実際に搬送されてくる患者さんが高血糖を伴っていることは珍しくありません。ですので、他科の医師から「心筋梗塞や脳梗塞で搬送されてきた患者さんの血糖値が七〇〇㎎／dℓを超えているから手伝ってほしい」といった要請があると、われわれ糖尿病内科医もすぐさま救急外来に駆けつけて、血糖管理のサポートを開始します。そんなケースは日常茶飯事で、われわれとしても、他科の先生方にはいつもお世話になっていますから当然無碍《むげ》にはできず、そういう依頼が残業時間帯の平日夜であったりすると、結局深夜まで緊急診療の対応を一緒に手伝うことも珍しくありません。

私が赴任した当時、静岡東部地区全体でも糖尿病専門医の数は非常に少なく、さらに糖尿病療養指導士の資格を持ったコメディカルもかなり少ない状況でした。このように地域の糖尿病治療体制がまだまだ未成熟だったことも、こうした救急対応を迫られる遠因になっていたように思います。

「働き方改革」の言葉もなかった時代の、医局員たちの本音

静岡病院赴任直後から、医局員たちの勤務が大変であることを改めて痛感することになりました。みながまさしく病院と宿舎を往復するだけの毎日を送っているのを目の当たりにしたの

と同時に、医局員同士の日常的な会話の中でも「できればここには来たくなかった」「早く東京に戻りたい」と本音が出ることもありました。そんな言葉を聞いてしまうと、科長としての私としては、悲しい気持ちになるのと同時に、何とかしてあげられないかという思いが募っていきました。

僻地《へきち》医療を一生懸命支えている現場の医療者たちが、こんなにも疲弊している。そういった状態を見逃し続けていけば、長い目で見ると、結局は地域の医療体制はいつの日か崩壊してしまうでしょう。それは、僻地で働いたことのある医師であれば、多くの人が感じている危機感ではないでしょうか。

そんな状況下にあったため、当時、患者さんとのコミュニケーションのためにコーチングの研修を一年半かけて受講し始めていた私は、これを診療科内のマネジメントにも役立てていこうと思うようになったのです。

ちなみに私が受講していたコーチングの研修は、およそ三十セクションから成っており、各セクションが四時間ずつのカリキュラムでした。一回一時間のカリキュラムでは、毎回プロコーチ一名と参加者十名前後が全員電話でつながり、その中で随時ロールプレイなどを行っていきます。毎回のレッスン終了後に、「あなたのクライアントに困っていることはないか聞いてきてください」「実際に見聞きしたことから行動を起こし、組織や周囲の人たちを良い方向へリードしてみてください」といった宿題も出るので、はじめはこの「宿題」に沿って、医局員の困りごとに耳を傾けたり、困りごとに対する解決策をディスカッションしたりしていました。

そうした過程の中で、「コーチング」を用いて、医局員全員が働きやすくなるような環境づくり」を徐々に模索し始めたのです。まだ「医師の働き方改革」どころか、「働き方改革」といった言葉すらもなかった時代です。ただただ、医局員それぞれの残業時間が一時間でも短くなれば「御の字」といった程度の淡い期待の中、見本とする事例もまったくありませんでしたが、医局員全員でまさしく手探り状態で改革を始めていきました。

当時私がイメージしていたのは、コーチングを通じて「時間外労働を減らす」こと。それによって医局員たちが少しでも伊豆ライフを満喫したりすることができれば、「ここで働いてよかった」と思ってもらえるようになる、ということでした。そうした環境をつくるにはどうすればよいか、苦悩する日々が続きました。

勤務環境の改善を図るためには、回避可能な救急外来搬送患者は減らし、医療レベルのクオリティを下げることなく、効率よく診療が行える体制にしなくてはならない。そんなイメージを漠然と抱くようになっていきました。さらに、医局員のみならず、糖尿病チームで働いてくれているコメディカルスタッフも巻き込んで、何かしら彼らのモチベーションやレベルがアップする体制もつくることができないかとも考えるようになりました。

本来であれば、経営層や、地域の開業医の先生方も巻き込んで、今で言う「医師の働き方改革」を推し進めていければベストだったのでしょうが、正直、その当時はそこまでの広い視野で考えていたわけではなく、まずは自分たちができることから少しずつ「石を積み上げていく」ように始めてみよう考えていました。

三十人の関係者が語った静岡病院「労働環境の課題」

コーチングのノウハウを活用しながら「医師の働き方改革」を推進するにあたり、プロコーチから最初に与えられた宿題は「現場の医療関係者三十人からフィードバックをもらってきてください」というものでした。「現状と理想のギャップをまずは明らかにして、その差分を埋め合わせていく」ことを、コーチングでは「コーチングフロー」や「GROWモデル」（161頁参照）と呼ぶのですが、これを私なりに医療現場で実践することにしたのです。

三十人というと、かなりの人数です。正直、面食らいましたが、やるしかないと一念発起して、私以外の医局員三人、病棟看護師長、外来看護主任、栄養科長、病棟薬剤師、内科医局長、内科秘書、病院長、診療部長、医事課、地域連携室などといった、院内のステークホルダーはもちろん、静岡県東部エリアで開業されている糖尿病専門医の先生方などにも、われわれの診療科について忌憚のないご意見やフィードバックをうかがうようにしました。

フィードバックと言えば聞こえがよいですが、実際にはほぼ「苦情」といった内容ももちろん含まれており、私や糖尿病内科に対するネガティブなご意見に、ちょっと心が折れそうになることもありました。ただ、「話を聴いてもらえること」それ自体を歓迎してくれるスタッフも思いのほか多く、さまざまな現場での生の声を聴かせてもらえたことで、病院や病院を取り巻く地域医療体制の実情が、**立体的に「見える化」**されるようになりました。

結果的に、課題の優先順位付けが明確になり、フィードバック後の**課題に対する打つ手や施策の精度が高まりました**。**逆に企画倒れになるような無駄な施策をあまりせずに済んだと感じます**。そして、何よりさまざまな方々と積極的にコミュニケーションをとることによって、それぞれの人が「どんな理想を持ったうえで、実臨床をどうとらえているか」について、予想以上にたくさんの具体的な考えを知ることができ、私にとっての貴重な財産となりました。

これらのフィードバックを生かし、ピンポイントでしかも確実にさまざまな業務改善を行えるようになったことが、結果として「医師の働き方改革」の成功につながったのだと思います。実際に、医局員やコメディカルなどからどのような声が集まったのかについて、次の項からご紹介したいと思います。

医局員がヒアリングで語ったこと

当時、われわれの診療科には私を含めて四人の医局員がおり、科長の私の他、おおよそ二年程度で交代する実働部隊の専門医レベルの医局員二名と、数カ月ごとに交代する新入医局員一名という編成で診療にあたっていました。

医局員たちの主たる業務は、当然ながら、当科の入院中の患者さんの診察や外来診療、初診患者さんへの対応などが挙げられます。その中でも現場として負担が大きかった業務の一つが、他科からの血糖コントロール依頼への対応でした。

当科には、小児科を除くすべての病棟から、常時四十―五十人程度の他科に入院している患者さんたちの血糖コントロール依頼があります。在院日数の短縮が求められる昨今ですので、スピーディな血糖コントロール対応を常時求められ、医局員たちは病院中の病棟を一日に二～三回ラウンドしなければなりませんでした。場合によっては救急外来での対応も求められることもありますので、やはりかなり多忙な状況が常態化していました。連日二十二時―二十三時といった時間まで忙しく働き続けなければならないことに対し、医局員たちが半分諦めながらも「何とかしてほしい」と感じていたことは、想像に難くありません。

そうした臨床現場からの医局員たちの要望を吸い上げるために、コーチング・スキルの中で、私が用いたのは、1on1《ワン・オン・ワン》と呼ばれる手法です（181頁参照）。

通常の評価面談などとは異なり、1on1で意識するのは、「とにかく相手の話を聴くこと」。また、カンファレンスのように一つの方向に向かってロジカルにディスカッションをするのとも異なり、本人の思いや状況に寄り添いながら、相手の考えを手助けしていくというのも大きな特徴です。

1on1を効果的に行うために私自身が当時実施していたエッセンスを、簡単にご紹介したいと思います。

効果的な1on1のために私が心がけたこと

そもそも何を聞くか

医局員たちに意識的に質問を重ねたのは、大きく①本人の日常での臨床業務に関すること、②本人の周りのスタッフ等で起こっている問題点、③本人たちの今後の中長期キャリアに対する考えの三つでした。

まず①本人の日常での臨床業務に関しては、「何が一番忙しいか」「これだけは変えてほしいと思っていることは何か」や「実際、本音ではどうあるべきだと思っているか」などについて掘り下げていきます。

臨床の最前線で診療に携わっている医局員は、若手であり考え方も柔軟ですので、こちらが想像していた以上に洞察力を持って、**本来あるべき臨床業務像を客観的にイメージしていました。**ですので、彼らのイメージする最も無駄なくクオリティの高い診療ができる環境を、彼らの言葉で発してもらうための工夫が必要です。

そうすることによって、彼らしか気づけない改善点や大事な課題が見つかることが多々ありました。

もちろん改善提案を実現するためには、さまざまな障壁や副作用もあります。1on1では、そうした観点も含めて、じっくりと腹を据えて話をするように心がけていました。そうすることで、実はそれらの**課題の解決策についても、彼らがすでに答えを持っていることさえある**ことにも気づくことができました。上司であるわれわれ管理職は、その貴重な意見や解決策を見過ごすことなく、しっかりと拾い上げることがとても重要なのです。

次に②本人の周りのスタッフ等で起こっている問題点については、他の医局員や他科の医師、コメディカルをはじめとした、周囲の同僚たちに対してどんな気持ちを持っているかをヒアリングしてみます。

こういった質問を複数の医局員に投げかけることによって、職場内での広い人間関係がつかめることもあります。特に複数人から苦情もしくは称賛の意見がある場合は、かなり確からしい情報であることが多く、当人が職場内での人間関係を築いていく上で大変貴重な情報となります。私の場合も、新たな人間関係を築くところからのスタートでしたので、これらの情報をもとに職場内での人間関係や力学を学んでいきました。そして、各員がどんな形でのチームワークを望んでいるかを知ることもでき、少なからず医局全体としての組織力を高めることにもつながっていったように思います。


最後に、③「本人の中長期的キャリアに対する考え」についてです。

ここでいう「キャリア」というのは、単に医師という職業としての将来像だけではなく、プライベートも含め、一個人としてどんなふうに生きていきたいかという広いテーマで話を聞いていくことが重要です。

「そもそもなぜ医師になろうと思ったのか」、「専門として糖尿病内科を選んだ理由は何か」、「当院で働いた経験を、今後どのように生かしていきたいか」といった医師としてのキャリアに関する事柄は当然のこと、出身地はどこで、どんなふうに育ってきて、どんなふうに暮らしていきたいかといったといったプライベートなことについても、差し支えない範囲で耳を傾けていくことで、本人たちがどのような人生設計を望んでいるのかをうかがい知ることができます。

ここで大切なポイントは相手に「心理的安全性」（169頁参照）をきちんと持ってもらうことです。そのため、**医局員との良好な信頼関係を保てるように、日頃から「相手の話を聴くこと」を意識したコミュニケーションをとるように心がけていました。**

特に糖尿病内科を選んだ医師の中には、慢性疾患を診て、患者さんとしっかりコミュニケーションをとりながら寄り添っていきたいという思いが強い医師や、仕事と家庭のバランスをとって働きたいという気持ちを持った医師が多い傾向にあるので、臨床に限らず幅広い視点で質問を投げかけて、こうした事柄にこちらが興味を持っていることを示すことにより、部下から親近感や安心感を持ってもらいやすくなったと思います。そうやって1on1を重ねるうちに、胸襟を開いてくれるようになり、本当の意味での片腕として、彼らの長所を生かして、それまで以上にクオリティの高い働き方をしてくれるようになりました。

どのような姿勢で聴くか

これまでもご紹介した通り、コーチングのポイントは、「相手の話を聴くこと」であり、こちらの考えを伝える「ティーチング」にならないように注意することが鉄則です。「相手が必要としている答えは、その人の中にある」というのがコーチングの大前提ですから、話の腰を折ったり、意見を一方的に否定したりはせず、相手が話したいことをきちんと話せるような環境をつくり、「半分以上は相手が話をしているかどうか」を意識しながらコミュニケーションをとるのがよいでしょう。

企業の営業職等とは異なり、一般に多くの臨床医は、日々の臨床の中で、こうした「傾聴」の姿勢でコミュニケーションする機会は多くありません。このため、最初はなかなかうまくいかないのは当然のことです。

私自身も、初めのうちは要領をつかむのに苦労し、時には会話をしているうちに、自分が次に何を言葉にしたらよいのか混乱してしまうようなこともありました。

しかし、ティーチングにならないように、自分に言い聞かせて、あくまで意識的にコミュニケーションを何回も重ねていくことで、徐々にスムーズに会話の主導権を相手に委ねられるようになっていきました。

そして、振り返ってみて気づくのは、私自身、あまり自分のことを話さなくなったということです。自分の話をするよりも、相手の話したいであろう話題を引き出すことに、特に部下やスタッフと会話しているときは、常日頃から意識するようになりました。

また、私もそうでしたが、特に最初のうちは、何を話したらいいかわからなくなったり、関係性が温まっていないために相手もかしこまったことしか話してくれなかったりすることもあります。そのときには質問の投げかけ方を工夫していくことも大切です。

質問の投げ方として代表的なのは、「イエス・ノー」で回答ができる質問（クローズドクエスチョン）と、相手が自由に回答を選択できる質問（オープンクエスチョン）の使い分けです（176頁参照）。関係性が温まっていないときは、まず相手が答えやすいクローズドクエスチョンを投げかけ、関係性が高まってきた段階で、徐々にオープンクエスチョンを投げかけていくというように使い分けることで、スムーズに会話を進められるようになっていきます。

いつ、どこで聴くか

私の場合、結果的には、医局員に対して一～二カ月に一回十五分程度、個別に時間をつくってもらって1on1を行っていました。

こうした上司と部下の1on1については、毎週や隔週一回十五～三十分程度行うのが一般的です。にもかかわらず、われわれの1on1の頻度が少なかったのは、とにかく毎日頻回に顔を合わせていたためです。病棟医であれば、どの診療科でもこのように上司と部下がずっと一緒に仕事をしていますので、改めて時間を設ける頻度は少なくてよいでしょう。

とにかくわれわれ医局員は、毎日何度も顔を合わせており、昼食も基本的に医局員みんなで職員食堂にて食べていました。そこで、ランチの時間やちょっとした診療の合間などに、本来1on1で聴くような質問をさりげなく織り交ぜて会話することによって、タイムリーにその医局員の状況や考え方を確認することもできました。むしろそういったタイミングのほうが、お互いにリラックスしていることもあって、思わぬ本音を聞き出せることもあったと思います。

加えて意識していたのが、毎月、医局員みんなで仕事終わりに飲みに行くことでした。アンオフィシャルな席でお酒を酌み交わすことは、やはり非常に有効だったと考えます。せっかく病院が温泉街の中にあるのですから、ちょうど医局員が全員男ばかりだった時には、お酒を飲んだ後にみんなで温泉に入ることもありました。これは東京ではなかなかできないことですし、いわゆる「裸の付き合い」ができたことによって、上司―部下の距離がギュッと縮まったようにも感じられました。今でも楽しい思い出の一つです。

私と同様、コーチング的な手法を用いて院内の労働環境改善を図ろうとする先生方の中には、普段、診療や会議で忙しく、なかなか医局員との時間がとれないケースもあるでしょう。ですので、時には一緒にランチをとったりする中で、いつもとは違う角度から質問を投げかけてみたりするところから始めてもよいと思います。そして仕事終わりに食事に出かけて、その土地名産のお酒や食べ物などを一緒に食すことも、時に試してみるのはいかがでしょうか。予想以上に部下たちも楽しんでくれることでしょう。

ただし、何度も申し上げている通り、**大前提として部下から「心理的安全性」を感じても**

らっていることが重要です（169頁参照）。そうでなければ、ハラスメントやトラブルになってしまう可能性が生じます。そのためにも、日頃から相手を「承認」しているという気持ちを上司が部下に対して常に示していることが大切となってきます。

以上が、私が医局員たちに実施していた1on1の内容です。

始めた当初は医局員の側も緊張していたり、私自身が目的をつかみきれていなかったりすることが多々ありました。しかし、回を重ねるごとに、医局員自身の持っている本来のビジョンや、病院運営に対する本音が聞き出せるようになっていくのを実感できました。また、医局派遣で来ているとはいえ、「もっとこの地域の医療レベルは良くなるはずだ」「自分自身も、ここで専門医取得のために、さまざまな症例を診療し、経験値を積んでいきたい」といった気持ちを、どの医局員も持っていることを知れたのは大きな収穫でした。

ヒアリングでつかんだ課題

ヒアリングの回数を重ねるごとに医局員が率直に胸の内を語ってくれるようになり、われわれの診療科そのものが抱える課題についても非常に具体的な改善案をどんどん提案してくれるようになっていきました。医局員たちが上げてくれたフィードバックをもとに、われわれが最初に取り上げた問題点は、次の三つでした。

一つ目は、当科が置かれていた「臨床上の課題」です。糖尿病内科の場合、時間外労働を引き起こす大きな要因となるのが、高血糖・低血糖による救急外来受診です。ただ、医局員の多くが感じていたのは、「夜間に引き起こされる低血糖」といった低血糖による救急外来受診については、インスリンや経口血糖降下薬による薬物療法を工夫すれば、減らしていくことができるのではないか、ということでした。

そこで、われわれがフォーカスを当てたのが、SU剤や三〇ミックスや二五ミックスインスリンといった混合型インスリンを第一選択薬として活用し続けている古典的な治療方法（この点についての詳細は後ほどご説明します）です。これらをできる限り使用しないようにすれば、時間外などの低血糖搬送を減らせるのではないかと考えました。

二つ目は、他院から紹介されてくる患者さんの中に、血糖コントロールが極めて不良になってから当院に受診される方も少なからずおられたことです。このため、最終的には、当院以外の糖尿病患者さんの血糖コントロール体制も含め、伊豆半島の地域全体の糖尿病医療レベルの底上げをしていく必要があるということも考えていました。

そして三つ目に、働き方の問題です。医局員がこなしている業務の中には、必ずしも医師がする必要のない仕事も少なくなく、他職種へのタスクシフト可能な業務が数多く混在しているということでした。

コメディカルへのヒアリングから見えたこと

次に、院内のコメディカルに対するヒアリングです。

糖尿病内科は、まさしくチーム医療で運営されている診療科です。栄養指導を行ってくれる管理栄養士や、フットケアを含めてさまざまな糖尿病患者さんのケアを中心的になってくれている病棟・外来の看護師、患者さんの服薬状態などを把握してインスリン指導なども行ってくれる薬剤師らの協力は、常に必要不可欠と言えます。

しかしながら、私自身この病院には医学生時代にポリクリで来ただけという状態だったため、着任当時はコメディカルの中に知り合いが全くいない状態でした。

このような状況の中で、私が定期的にコメディカルスタッフと1on1用の時間を確保するというのも、現実的ではありませんでした。このため、まずは「気軽に話ができる関係」「本音を引き出せる関係」をつくることが大事だと考え、前述した1on1のポイントも意識しながら、日常の臨床の中でのコミュニケーションの頻度を増やしていきました。

たとえば、当科では毎週、糖尿病支援入院の患者さんのための「多職種合同カンファレンス」があるのですが、まずはそこで**コメディカルの人たちの意見を積極的に聴くようにする**ことと、**承認する気持ちを態度で示しながら、話しやすい雰囲気・環境をつくる**ことを心がけました。

そのほか、医局の飲み会にもコメディカルに遠慮なく参加してもらい、日常での外来・病棟業務外でのちょっとした接点を増やしたりすることで、多くのコメディカルスタッフとのコミュニケーションの機会を増やし、「フランクに話をしても大丈夫だ」という「心理的安全性」を実感してもらうように心がけました。

特にコメディカルスタッフの場合、医師にフランクに話しかけるのは失礼だと思い身構えてしまう人たちも多くいるため、最初のうちは本音を引き出すのも簡単ではありませんでした。ですので、ちょっとした立ち話なども含めて関係性を少しずつ深めていくことを意識しました。質問するにしても、**積極的にオープンクエスチョンを投げかけるようにして、極力彼らチームスタッフの意見を拾い上げていくこと**に注力しました。

そうしたヒアリングの結果、印象的であったことは、「この地域で専門性を高めながらこれからも働き続けたい」という声が多かったことでした。医局員は、東京にある本院から派遣されてきた人が多いのですが、**多くのコメディカルスタッフは地元住民であり、「この地域でずっと働き続けたい」と思っている人が多い**傾向にあります。しかし一方で、地方病院であるがゆえに、たとえば糖尿病療養指導士資格を取るための研修会が伊豆半島で開催されることはほぼ皆無な状態で、スキルアップの機会を得ることが難しいのが彼らの悩みとなっていました。

そこで、こういった**医療情報過疎**を解消すべく、着任当初から地域の糖尿病専門医の先生方にも協力していただき、糖尿病療養指導士のための研修会を伊豆長岡で開催することにしました。この地域で糖尿病のスペシャリストとして、多くのコメディカルスタッフに誇りを持って働き続けてもらえるような職場環境を整備していくことが、彼らのモチベーションを高めるだけでなく、われわれの糖尿病診療の質の向上にも間違いなく寄与してくれると思ったからです。

実際に初めて糖尿病療養指導士のためのセミナーを開催した時には、伊豆長岡といった静岡県東部エリアの中でも中心地から幾分離れた場所でありながら、なんと七十名もの医療関係者が集まってくださり、誰もが予想しえなかったような盛大な会にすることができました。本当に、お互いにビックリしながら、予想以上にニーズがあるのだという実感を強く感じたことを、今でも覚えています。医療過疎の地域では医療情報過疎も深刻な問題なのだということが明確に浮き彫りになりました。そして、だからこそこういった取り組みを、都心ではないエリアでも定期的に行っていくことが重要なのだと強く確信した瞬間でもありました。

コメディカルへのヒアリングを通じて気づいたもう一つのことは、彼らの日常業務も非常に忙しく、医局員同様に、「自分たちでなくてもできる仕事」に忙殺される状況に陥っていることでした。つまり、**コメディカルである彼らが、きちんと自らの専門性を発揮できるような業務に専念できる環境を作らないことには、医師からのタスクシフトも具体的に実行できないと**いうことに、改めて気づかされたのです。

【図表5】医師の業務の棚卸し作業例

業務区分					
No	大分類	No	中分類	No	小分類
1	糖尿病外来		再診外来		
			初診外来		
			フットケア外来		
			臨時対応		
			書類作成		
			病棟コンサルト対応		
			他科コンサルト対応		
2	一般内科外来		一般内科外来		
			他科コンサルト対応		
			内科ミーティング　出席		
3	病棟業務（主科）		糖尿病支援入院		
			糖尿病支援入院　カンファレンス		
			糖尿病患者（支援入院以外の通常入院）		
			糖尿病患者（緊急入院）		
			内分泌患者　通常入院		
			内分泌患者　緊急入院		
			その他原因疾患での入院		
4	病棟業務（兼科、コンサルタント）		他科入院糖尿病患者　血糖コントロール		
			他科入院糖尿病患者　当科初診問診		
			他科入院内分泌患者対応		
			他科入院内分泌患者　当科初診問診		
			書類作成		

業務の棚卸し実践例

このため、医局員からのタスク・シフティングを具体的に実行していくためには、同時に糖尿病チームのコメディカルスタッフへのヒアリングを行うことも必要で、職種を問わず糖尿病内科の運営にかかわるステークホルダーのなるべく多くの人たちから、時間をかけて業務の棚卸しを行っていきました。

「業務の棚卸し」は、一般的に大手の企業では毎年必ず行われている作業で、これにより、どの部門の誰がどんな業務を行っていて、作業負荷がどれくらい生じているのかを客観的なデータとして提示・把握し、具体的な改善策も行えることになります。

参考までに、たとえば糖尿病内科での「業務の棚卸し」の一例をお示しします（**図表5**）。

地域の開業医の先生方へのヒアリングから見えたこと

次に、伊豆半島周辺でプライマリケア領域の診療に励まれている、地域の開業医の方々へのヒアリングについても少しずつ行いました。

他の医療機関の先生方ですから、お話を聴かせてもらうためにまとまった時間を確保してもらうのはそう簡単ではありません。そもそもお会いできる頻度すらそう多くはないため、信頼関係をつくるのには一定の時間を要します。

そこで私が利用したのが、医師会などでの勉強会でした。時に、このような勉強会の場で、われわれが行っている糖尿病診療の現状や、治療方法についてプレゼンテーションさせていただいた上で、開業医の方々が日々どのように患者さんと接しているか、また、糖尿病診療のどのようなことで困っておられるのか、そして、そもそも当院に対してどのように感じておられているのかなど、率直にお話しいただき、何とかその要望等に応えられるように、地道にコミュニケーションを重ねていくようにしました。

その中には、「医療連携するのはいいけれども、患者さんを紹介しても、その後患者さんが自分のクリニックに帰ってこないので、正直あまり前向きではない」といった意見もいただきました。これは、どこの地域の医療連携においても少なからずある問題だと思います。

開業医の先生方としては、その後の経過が気になるのはもちろんですし、経営者として、自院の患者数が減ってしまうことを見過ごすわけにはいかないのも当然でしょう。最近では病院機能評価の際に紹介率・逆紹介率が盛んに言われるようになっていますが、その背景には、日本全国で「患者さんを送ったけれども返ってこない」といった事態が問題視されているからのようにも思われます。そこでわれわれは、まず「こちら側から積極的に逆紹介すること」を重点的に取り組むことにしました。詳細は後ほどお示しします。

導き出された解決策

このように、さまざまな医療者の方々から上がってきた臨床現場からのフィードバック・意見を総括して、われわれがまず始めるべきと感じたポイントは、次の三つです。

(1)糖尿病診療の見直しによる業務改善
(2)コメディカルの教育体制・支援体制を充実させた上でのタスクシフト
(3)地域の診療所が、早期に患者さんを紹介してくれる体制づくりそれぞれをどのように進展させていったかについてご紹介します。

(1)糖尿病診療の見直しによる業務改善

私が静岡病院に赴任した二〇一二年当時は、インクレチン関連薬と呼ばれる糖尿病治療薬が矢継ぎ早に登場していました。そのため、糖尿病治療の選択肢が増えたと同時に、治療内容が一気に複雑化したタイミングでもありました。これによって、それまで以上に糖尿病専門医の重要性が高まった時期であったとも言えます。

伊豆エリアにおいても、SU薬に依存した伝統的な治療方法がまだまだ一般的な現状がありました。しかし、持効型のインスリンをベースとしてさまざまな新薬と組み合わせていくことにより、最新の知見に基づいた治療を推し進めていけば、「夜間の低血糖で患者さんが救急搬送されてくる」といった症例を減らせるのではないかという問題意識を共有することが、順天堂大学の糖尿病内科医全員の間で、その当時すでにできていました。

そこで、医局員ともよく話し合った上で最初に着手したのが、SU薬を極力用いない治療方法の選択でした。

2型糖尿病の治療薬として一九五〇年代から使用されてきたSU薬は、強力な血糖降下薬として国内外の臨床現場で長らく用いられてきた歴史があります。ただ、一日中強い血糖降下作用を持つがゆえに、たとえば患者さんがいつもと異なり、急性胃腸炎で食事がほとんどできなかった場合等に、低血糖が起きてしまうという事態が臨床現場ではたびたび認められていました。しかも、それが夜間や休日であると、現場の医療スタッフとしてはどうしても時間外の勤務を余儀なくされてしまいます。ですので、救急外来を担当している若い医局員ほど、安易にSU薬が用いられることに不満を持っていることは、当時から少なからずありました。

特に一人暮らしの高齢者が低血糖を起こした場合、やむを得ず救急車での搬送も珍しくありません。特に伊豆半島では、過疎地域によくみられるような一人暮らしの高齢者が非常に多く、場所によっては救急車で一時間以上かけてやってくる患者さんもおられるような状況でした。時には、まさしく救急車で「天城越え」をして当院へ一時間半くらいかけて搬送されることもあります。

また、一人暮らしの高齢者が救急車で搬送されるということになれば、都心で暮らす子供たちにも連絡が行きます。そうすると、息子さんや娘さんたちも慌てて仕事を切り上げたり、自分の子供を近所に預けたりして、東京や横浜から新幹線や自家用車で伊豆長岡まで駆けつけることになってしまいます。

そして、こういった救急車での搬送が増えることは、地方自治体の財政を圧迫していくことにもつながります。このため、低血糖発作を起こさないようにすることができれば、患者さんやその家族はもちろんのこと、現場で働く医療者や地域行政の負担をも軽減することができます。そんな認識を医局員全員で統一の意識としてまとめて、日々の実臨床に臨むことに決めたのです。二〇一二年当時、SU薬を使用しない治療方法は、世間一般からするとかなり斬新な考え方であったかもしれません。しかし、何より患者さんの視点から見てメリットは大きいと考え、SU薬を極力使わないような治療法に積極的に切り替えていくことにしました。

なお、前述の通り、当科は自科の外来・入院患者さんに加えて、他科の入院患者さんの血糖コントロールも担っている状態でしたから、こういった他科に入院している患者さんにおいても、入院中にSU薬を極力使わないような治療法にどんどん切り替えていきました。[7] 結果、診療内容を見直した患者さんの人数は相当な数に上ったと思います。

さらに、糖尿病専門医の目線で、入院中の血糖をしっかりとコントロールするのはもちろん、できる限りインスリンの注射回数を減らせるように取り計らっていくことで、中には退院時にはすでにインスリン治療を卒業される方もおられました。

よく、「インスリンを打ちはじめたら一生やめられない」という都市伝説的なイメージをお持ちの方がいらっしゃいますが、そんなことはありません。

特に肥満を伴った2型糖尿病患者さんであれば、適切な血糖コントロールを行い、正しい食

7　齊藤大祐・杉本大介・河野結衣・佐藤文彦：Diabetes Frontier(27)3;392-7, 2016

事療法を行って体重管理していけば、人生のうちで半年程度しかインスリンを投与せずに済む患者さんも実臨床の中ではそう珍しいことではありません。当院においても、血糖コントロール不良のためにインスリン四回打ちからスタートした患者さんが、数週間の入院期間の間にインスリンを卒業し、食事療法に対する理解を深めたことで、退院以降は軽めの血糖降下薬へと切り替える程度にまで改善していった事例がいくつもあります。このように他科疾患で入院されている患者さんの血糖管理を適切に行うことによって、将来的な低血糖による救急搬送の可能性をも低減できたことは、一つの大きな成果だと考えています。

(2)コメディカルの教育体制・支援体制を充実させた上でのタスクシフト

もともと私自身がこの病院に赴任するまでは、本院で糖尿病教育入院担当のグループ長をしていたこともあり、私が赴任して以降、新たにスタートさせた取り組みの一つに「糖尿病支援入院」があります。

以前より「教育」という言葉が、あまり相応しくないといった意見がありましたので、われわれは患者さんを支援したいという思いも込めて、思い切って静岡病院では「糖尿病支援入院」と名称を変えることにしました。立ち上げの詳細については後述しますが、新設した糖尿病支援入院において特に意識したのは、コメディカルの人たちにできる限りのタスクシフトを行っていくことでした。

象徴的なタスクシフトとしては、入院中の患者さん向けの講義をコメディカルスタッフの方々に積極的にやってもらうことでした。たとえば、管理栄養士であれば集団栄養指導、看護師であればフットケア、薬剤師であれば薬物療法に関する講義など、それぞれの専門性を発揮できる内容について、実際に患者さんに講義を行ってもらいます。そうすることによってコメディカル本人が、自分の専門性に対する自信を高めることができますし、患者さんへの診療に対する主体性も高まっていきます。

ただ、最初はどうしても自信がありませんので、講義をためらうスタッフももちろんいました。このため、はじめのうちは医学的観点からの監修を医師がしっかり行い、逐一チェックし、患者さんに間違った情報が伝わることがないように十分に配慮を行いました。こうやって二人三脚で講義内容のレベルを高めていったことで、コメディカルの側も安心し、自信を持って講義に臨めるようになっていったのです。

よく、タスクシフトは難しいと言われる方もいらっしゃいます。しかし、実際は難しいのではなく、タスクシフトを行う「覚悟」を、医師の側がきちんと持てているか否かだと私は考えます。

きちんとわれわれ医師が納得できるようなレベルまで、コメディカルスタッフに何度でも指導を行い、しっかりとわれわれの医学的意向を理解してもらい、その意向を踏まえた上で、患者さん相手に講義してもらえるようになるためには、やはり手間暇をかけて、覚悟を持って教えきることが大切であると、私は思っています。

こうやって、糖尿病チームのコメディカルスタッフが一人、また一人と独り立ちしていってもらうことで、何より、各々のコメディカルスタッフたちが、糖尿病治療チームの一員として、今まで以上にやりがいを持って仕事に取り組んでくれていると実感できました。

そして、そういった彼らには当院での取り組みを地域の勉強会等で発表してもらい、自分の病院の対外的な情報発信の一翼を担っているという認識も持ってもらったことで、今まで以上に責任感を持って糖尿病診療に従事することにもなったと感じます。さらに、糖尿病療養指導士の取得の動機づけにつながるなど、モチベーションの面でもさまざまな効果を認めることができました。


このようなタスクシフトに合わせ、コメディカル向けの専門性を向上させるために、糖尿病療養指導士の研修が組めるような体制づくりも行いました。糖尿病領域では、日本糖尿病療養指導士[8]という制度があり、全国の看護師や管理栄養士・薬剤師などがその資格を取って、各医療機関で大いに活躍されています。この資格を取得したり、更新したりするためには、講習会への参加やレポート提出が必要となります。ただ、地方のコメディカルスタッフの多くの悩みは、こういった講習会が大都市圏でしか開催されず、時間も交通費もかなり負担になっているということでした。実際に、多くの糖尿病療養指導士のコメディカルスタッフが、更新するための単位取得が困難で、更新を断念している人も多いことが、コーチングのヒアリングをする中で問題点として浮き彫りになっていました。

このため私は、前述の通り、地域の糖尿病専門医の先生方の協力を得て、糖尿病診療を担っている多施設のコメディカルスタッフ向けの研修会の機会をいくつか設けるようにしました。どの先生方も非常に好意的に協力くださり、糖尿病の医療スタッフにも、最新のエビデンスに基づいた治療の啓蒙を行ったり、周りの医療機関でどのような糖尿病診療が行われているのかを症例検討会で、共有することができました。多くの糖尿病専門医と専門スタッフに協力いただき、地域での糖尿病診療が予想以上に盛り上がりを見せていったと感じます。

また、他院のコメディカルスタッフも一緒に、療養指導士の試験の対策のために病院内の会議室でみんなで勉強したりと、地域を挙げての糖尿病療養指導士資格取得のための環境をできる限り整えるようにも腐心しました。

このように「ただの医師の負担転嫁」として、コメディカルにタスクシフトを行うのではなく、**他職種のやりがい創出につながる形で業務を任せていくことは、本人にとっても、その病院にとっても非常に大切**なのではないかと考えます。

8 https://www.cdej.gr.jp/

(3)地域の診療所が、早期に患者さんを紹介してくれる体制づくり

地域の開業医の先生方との連携も意識しながら進めたのは、大きく二つ、糖尿病支援入院の推進と、積極的な逆紹介制度の活用でした。

①糖尿病支援入院

一般的に、糖尿病患者さんは地域のクリニックを受診し、長年そこで通院を続けています。ただ、どうしても高血糖が改善しない状態になった場合や、病状についてもっと詳しく知りたいと要望があったときに、紹介状を持って地域の拠点病院に受診することとなります。ただ、せっかく足を運んだにもかかわらず、何時間か待たされた後にやっと専門医の外来診察室に入ってみると、場合によっては「この程度であれば、うちの病院に入院するほどではありません」などと言われて、開業医のもとにそのまま戻されてしまうというケースも少なくありません。

しかし、そういったことを何回か繰り返してしまうと、せっかく親切に紹介状を書いてくれた開業医の先生方も「もうあそこの病院に患者を紹介してもしょうがない」と、拠点病院に対する信頼感を失ってしまうことになりかねません。

そういったことを防ぐために、われわれの大学の本院では、以前から紹介状を持ってきた患者さんはその日に必ず診察するといったことが徹底されていました。しかも、それだけではなく、医療連携室に開業医の先生が電話をして、糖尿病教育入院希望の患者がいることを告げると、医療連携室の担当者が空きベッドを確認し、期日指定で入院ができるようなシステムを確立していました。こうすることにより、患者さんは、非常に混んで待たされる大学病院の外来に一度も受診することなく、しかも大部屋にも期日指定で入院することが可能となります。

私自身も、長年本院での教育入院のグループ長を務めていたという経緯もあるので、このノウハウをよく理解していました。そして、伊豆に赴任したときに、医局員から「当院でも、是非、あの医療連携をやってほしい」という声を受け、病院連携室や病院長などに掛け合って、赴任翌月からこのシステムを導入することができました。

それまでは、かなりコントロール不良な状態になってから、当院へ救急外来で初めて受診するといった糖尿病患者さんも少なくなく、それが夜間の救急搬送だったりすると、時間外の対応を迫られたり、緊急入院での高度な血糖コントロールを求められたりと、現場の負担が大きくなってしまう状況がありました。臨床現場としては、そうなる前に拠点病院に紹介受診してもらったり、支援入院をしてもらったりして、糖尿病という病気に対する理解や、きちんと治療法に対する認識を深めてもらいたいという、不満に近い思いが高まっていたのです。

また、この支援入院は、クリニカルパスに則った形で運営されており、これにより、検査や講義・栄養指導などのメニューが各曜日で明確にスケジューリングすることができました。

たとえば、われわれの支援入院は、入院日は毎週火曜日、退院するのは翌々週の月曜日となっており、この二週間のうちに、いつ・どこで・誰がどのような検査・講義・食事指導を行うのか、具体的な内容と流れが、一つのパッケージとなっています。

そんなことは、百も承知と思われる医師の先生方も多くおられると思いますが、このように、ある一定の決まった流れをつくるということは、われわれが思っている以上の効果を発揮してくれます。

通常の一般入院であれば「残念ながら、検査が混み合っていてこの入院中はできない」といった事態も多々あります。しかし、この支援入院のシステムを活用すれば、あらかじめ検査・講義・食事指導の日程が定期的に組まれているため、確実に必要な検査を受けることができます。

また、たとえば栄養部においても、スケジュールが固定化されることによって、入院患者全員に複数回の栄養指導を行うことができます。そして、各部門においても、誰を何時にどこに配置しておけばよいのかが明確であるため、業務のシフトを組みやすくなります。

医師や病棟看護師としても、毎週のルーティンとして支援入院が組まれているので、「毎週、週末の休みに入る前に、次週の入院のオーダーを確認しよう」「今日は木曜日だから、午前中は眼科に患者さんは向かっているはず」などというふうに、院内の動きが明確化されたことで、お互いの確認事項の見落としも激減し、病棟看護師から医師への問い合わせもほとんどなくなっていきました。そして、主科入院の患者さんが他科受診をしているような場合には、われわれ糖尿病内科医は、他病棟の患者さんの血糖コントロールを行いに午前中からでも他病棟に行くことができるようになり、これが定時で帰宅できるようになるといった、医師の業務効率化へつながっていきました。

定期的にいつどこで検査や患者教育を行うかがわかっていれば、このように効率的に人員配置を行うことができますし、時間や施設といったリソースをフルに有効活用することもできます。一般的にどこの病院でも、夕方の時間帯は外来患者さんが嫌がることもあり、なかなかこの時間帯での検査や栄養指導の予約を入れづらい状態にあります。そこで、この時間帯に支援入院の患者さんの枠を定期的に入れておくことにより、各部門がWin-Winの関係になることができ、お互いに収益も安定しやすくなりました。

先ほどご紹介した静岡病院の糖尿病支援入院では、地域の開業医の先生方が医療連携室に連絡すればダイレクトに患者さんを入院させることが可能です。この枠組みを、特に地域の糖尿病専門医の先生方が非常に上手に活用してくださいました。糖尿病専門医の開業医とすれば、外来診療だけでは糖尿病という疾患や自身の状態、治療法に対して十分に理解できなかったり、ある程度早めに入院が必要な糖尿病患者さんがおられた場合、スムーズに入院させる手段があればよいと日頃から考えておられます。そこで当院の糖尿病支援入院に医療連携室を介して行うことによって、タイムリーに患者さんの治療やリテラシー向上が図れると、多くの支持をいただけたのです。

ただ、こういった取り組みを自分たちの医療機関で取り入れようと思っても、現場の医療スタッフからの反対があるのではと考えられるドクターもおられるのではないでしょうか。

実際には、どのような患者さんが入院してくるのか、医局員としては入院日当日まで全くわかりません。

このため、実際に私もその不安があったため、コーチングの手法を用いて、各医局員にこのシステムを導入すべきか否かを、かなり入念にヒアリングしました。

結果として、若い医局員全員、「かなりの血糖コントロール不良の状態で、時間外に初診の患者さんが来院する」よりは「医療連携室を通じて糖尿病支援入院してくる初診の患者さん」

のほうが、通常勤務時間内に対応できるので、是非そうしてほしいとの意見で一致していました。

こうして、現場で働く医療者の同意をきちんと確認した上で「糖尿病支援入院への医療連携室を通じたダイレクト入院」というシステムを導入していったため、導入後の不平・不満を含めたトラブル等は、拍子抜けするほど起こりませんでした。

このシステムのように開業医の先生方からダイレクトに入院された患者さんたちは、退院後も当院の外来に受診することなく、かかりつけの糖尿病専門クリニックへの通院を再開されます。その再診時に、われわれの退院サマリーを参考にすることで、開業医の先生方も、まさしくその人に合ったオーダーメイドな糖尿病診療を提供し続けることができます。当然ながら支援入院を受けたことで、患者さん自身も糖尿病に対するリテラシーが格段に向上していますし、治療に対する主体性も以前とは比べものにならないくらい変化していることも多く、現在でもこのシステムは脈々と継承されています。

②逆紹介の推進

次に、逆紹介についてです。今や病院評価の観点から、重要な要素の一つであるため、どの病院でも積極的に逆紹介率を高めるための方策を行っていらっしゃると思います。しかし一方で、「逆紹介の活用が、実際自分たちにどんなメリットをもたらすのか」と疑問をお持ちの医師も多いのではないでしょうか。われわれも、実際に逆紹介を積極的に行ってみるまで、そのメリットを正直実感として持っていなかったことは否定できません。しかし結果的には、逆紹介を積極的に推進したことによって、当科への紹介率をも想像以上に継続的にアップさせることができるようになりました。

われわれが行った逆紹介の推進は、実は当初、やむにやまれぬ事情で始めた経緯があります。私が赴任した当初、すでに糖尿病内科の外来も、連日予約枠はパンパンの状態でした。しかし、毎日初診の患者さんもどんどん受診され、これ以上に毎日の外来受診人数が増えてしまっては、自分たちのキャパシティを超えてしまうという危機感がありました。

ただ、実際に外来診療を始めてみると、スタチンや降圧薬だけといった処方しか行われていない方や、HbA1c値が6・0％程度で、しかもインスリンもSU薬も使用していない、非常に状態が安定されている患者さんも、少なからず定期的に通院していることがわかりました。

一方で、そんな非常に安定した状態の患者さんでも、もし、あまりに短い診療時間で医師が応対するとすれば、「三分診療」でしか診察してくれないといった苦情が寄せられかねません。

こうした患者さんの中には、もともとは初診時に高血糖でインスリン治療が必要であった方も多くいらっしゃいます。それが本人の努力もあり、インスリン治療を離脱され、その後もずっと当院の外来に通院し続けているという状況が、実際には数多く存在したのです。
そこで、私としては断腸の思いで、思い切ってこれら症状の安定している患者さんに、地元の内科の開業医の先生方のところに戻ってもらうことを決断しました。他の医局員の外来も含めて、赴任初年度に合計百五十人程度、次々に地域の医療機関へ逆紹介して、地元に帰ってもらいました。

逆紹介を行うにあたり、多くの患者さんから反感を買うのではないかと、正直かなり危惧していました。しかし、誠意をもって「現在は血糖コントロールが安定しているので、地元のクリニックに戻ってもらいたいと考えている」という旨を伝えました。そして、「ご存知の通り、この病院は日頃から救急要請を断らずに診療を行っています。ですので、何かあったらいつでも遠慮なく受診されてください」といったこともお話ししました。すると、驚いたことにほとんどすべての患者さんが快く承諾して下さり、非常にスムーズに逆紹介を行うことができたのです。

これはひとえに、「普段から救急車を断ることなく日夜働いてくれている救急外来に関係している各診療科の先生・スタッフのおかげだ」と、本当に今でも感謝しております。

結果的に、このように積極的に逆紹介を行うようになったことで、われわれはインスリン治療が必要なレベルの糖尿病患者さんへの治療に専念できるようになりました。そして、大きな副次的効果として、この大々的な逆紹介を行ったことを、地域の開業医の先生方からも、非常に好意的に受け取ってもらうことができました。医師会の勉強会等でお会いすると、時々「そういえば、最近患者さんを二人も逆紹介してくださいましたね」と、向こうから声をかけてきて下さる先生もおられました。このように、開業医の先生方に「あそこの糖尿病内科は、ちゃんと患者を返してくる診療科だ」という認識を持ってもらえたことで、結果的に後々、これらの先生方から紹介状が継続的に増えていくことにつながっていきました。これも、いわば**近隣の開業医の先生方から「心理的安全性」を実感してもらえる**ようになったからこそ、紹介患者数の増加といった目に見える形での結果につながっていったと言えるのかもしれません。

専門医が診るべき範囲の患者さんと、プライマリケア領域の医師が診るべき糖尿病患者さんの棲み分けが徐々に、しかも上手にできるようになっていき、自然と**健全な地域医療の連携体制が整備**されていったのです。これは、厚生労働省等が盛んに議論を行っている、高齢者人口がピークを迎える二〇四〇年頃を見据えていく上でも、非常に大切なポイントであるともいえます。[9]

ただ、こういった健全な地域医療の連携体制が整備されていけるように促していくためには、

「まずは拠点病院から逆紹介を積極的に行うこと」がやはり非常に大切なのではないかということを、このとき痛切に感じました。

改革の成果が表れたのは……

このような改革の成果が徐々に見え始めたのは、改革を始めて三年目の時期でした。その頃になると、低血糖が理由で救急外来を受診して来られる患者さんが明らかに減っていることが実感できるようになりました。

そこで、その感覚が実際に正しいのかを確かめるために、医局員にデータをまとめてもらうことにしました。すると、明らかに2型糖尿病患者さんの低血糖での当院での救急外来受診者数が、年々減少していることがわかったのです（片平雄大・登坂祐佳・杉本大介・飯田雅・佐藤文彦：日本糖尿病学会中部地方会（静岡）2015）。そこで、この診療実績を医師会などでの勉強会でも発表し、地域の開業医の先生方に紹介し続けました。ちなみに四年目には、当科かかりつけの2型糖尿病患者さんにおいて、低血糖で搬送されてきた方は年間四人しかおられま

9 https://www.mhlw.go.jp/stf/seisakunitsuite/bunya/0000207382.html

せんでした。

この他、成果として目に見える形で現れたのは、院内のインシデント件数の減少でした。日本や世界の中でも、入院中のインシデントレポートを見ると、やはり低血糖によるトラブルは少なからず含まれています。

当院でも、やはり低血糖トラブルがなかなか減少しないことを受け、病院長や医療安全委員会から直々に、何とか低血糖トラブルを減らすようにとの要請を受けました。

それまで、インスリンのスライディングスケールについては、各診療科がまちまちのインスリン伝票を発行していました。しかし、そうすると、微妙に内容が異なる指示が出ていたりして、病棟の看護師が混乱し、そしてインシデントにつながる事例も認められました。

このため、病院長に許可をもらい、全診療科のインスリンのスライディングスケールについて、糖尿病内科と看護部で抜本的に変更する方針となりました。これにより、各診療科で伝統的に使用されてきたスライディングスケールのほとんどを廃止させてもらうこととし、四つのパターンだけに絞ることにしました。しかも、糖尿病内科以外の診療科が使用できるのは、そのうちの二パターンのみとしました。

この抜本的な変更直後は、多くの診療科の先生方からかなりクレームが来るかと気を揉みましたが、さほどのトラブルもなく、予想以上にあっさりと導入されていきました。

ただ、これも、病院長や医療安全委員会が「スライディングスケールを変更するから、しっかり遵守するように」と、院内に明確な通達を出していただいたおかげだと感じています。やはり、特に医療機関において、トップが明確な指示を出すと、スムーズに指示・伝達が進んでいくのだなと実感しました。おかげさまで、その後明らかに院内での低血糖トラブルによるインシデントは激減し、より安全性の高い診療が行えるようになったと感じています。

ご存知の通り、一旦インシデントが起こると、もちろん患者さんにお詫びをすることにもなりますし、レポートをまとめて委員会に報告したりする必要性が生じます。そして、そのことが当事者の心的ストレスにもなっていきます。そうしたインシデントを減らせたことは、病院運営の点においても、大きな成果だったと感じています。

上記のように、診療の質を図るような各指標が向上していくことに加え、私の中で大きかったのはやはり、「医局員がどんどん早い時間に帰れるようになっていったこと」でした。その劇的な変化については、次章以降で紹介したいと思います。

第3章

「医師の働き方改革」が実現化すると、見えてくるもの

第2章でご紹介したような取り組みを始めて以降、われわれの診療科の臨床業務は少しずつ改善を認めていきました。その先駆けとなったのはまず、糖尿病支援入院を開設したことによる、入院患者数の増加でした。

血糖コントロールにおける治療方針について、自信が確信に変わった

もともと、私も含め医局員全員が、本院での糖尿病教育入院を行ってきた経験がありました。そのノウハウをみんなが共有できていたことや、コメディカルスタッフへの積極的な参加を促したことなどが、結果的にうまく作用し、支援入院を順調にかつ迅速に立ち上げることができたのだと感じています。糖尿病医療チームスタッフのみんなが前向きに協力してくれたおかげで、それ以降、年間を通して入院患者も途切れることがほとんどなくなり、支援入院自体の運用も安定化していきました。これにより、一年を通して入院患者を無理なく受け入れ続けていくことが可能となりました。

もちろんこの蔭には、地域の開業医の先生方が積極的に静岡病院に患者さんを紹介してくださったことによる功績も大きいと言えます。

前章でもお話しした通り、最初のうちは、地域の開業医の先生方も「紹介した患者さんは、

自分たちの元に戻ってこないのではないか」と心配されていたようで、その懸念を払拭できるまでにはある程度の時間がかかりました。しかし、当院での支援入院をすることによる、糖尿病における「病診連携」のメリットを根気よく伝え続けた結果、紹介患者数は順調に増加していきました。

支援入院を終えた患者さんは、退院後も特段の理由がない限り、当院への外来には一度も受診することなく、開業医の先生のもとで今まで通り通院してもらいました。こうして、この地域にまだまだ少なかった糖尿病における「病診連携」を、何とか少しずつ増やしていくことができたのです。

開業医の先生方に「当院に患者を紹介しても、基本的には患者は戻ってくる」という印象を持っていただけるようになり、今まで以上の信頼関係を構築することができました。このことが、糖尿病支援入院が企画倒れにならずに、今でも当科の主力の医療事業になっている成功要因だと思います。

また、低血糖を起こしにくい薬剤による治療方法に最初の一年目から注力していったことで、二年目以降は、他科診療科で入院された患者さんであっても、糖尿病を持病に抱える方の血糖コントロールが極めて不良になる事態が格段に減ってきました。

われわれの病院では、入院した患者さんが他の疾患もお持ちの場合、兼科という制度をとっています。たとえば、大腸がんの手術目的で入院された患者さんが糖尿病と心筋梗塞の持病を持っていた場合、外科が主科で、糖尿病内科と循環器内科は兼科とすることがあります。ただ、合併症の症状が軽度であったり安定していたりする場合は、兼科することなく、血糖管理だけのいわゆる「ご高診」対応のみとなることもあります。

赴任当初は、血糖コントロールが不良な症例も多く、その度に兼科となって、一症例一症例に対してかなりの労力を注ぎ込む必要がありました。

それが二年目以降、正直予想していなかったことですが、ＳＵ薬を極力使わない治療への変更や、糖尿病支援入院への入院患者数の増加と逆相関するかのように、「低血糖による救急搬送患者数」や「兼科が必要な患者さん数」が年々減少していきました。

つまり、地域の患者さんや他科に入院している患者さんを、積極的に低血糖を起こしにくい薬剤で安定した血糖コントロールにするよう努めていったことで、経年的に見て、重症度が高く厳格な管理が必要な患者数が伊豆エリア全体として徐々に減少していったのです。

当然ながら、この背景には、日々の臨床現場の医局員たちによる絶え間ない努力がありました。もともと、ＳＵ薬に依存した従来型の診療体制に問題意識を持っていた彼らでしたので、その問題意識を支援入院のプログラムや日常の実臨床にしっかり反映させていってくれました。

そして、地域の勉強会の機会が与えられたときにも、その重要性や有効性を発表してくれたことにより、地域の先生方にもより一層われわれの取り組みを理解していただけるようになっていきました。その甲斐あって、伊豆エリア全体の糖尿病患者さんたちの血糖コントロールが徐々に安定していった印象があります。

前章でも触れたように、救急外来で低血糖患者の救急対応を要請されることが少なくなってきたな」と感じたのは赴任後三年目のある日のことでした。医局員にも確認してみましたが、同様の意見で「低血糖患者の救急対応は減っていると思う」とのことでした。

これは一度調べてみる価値があるのではないかと思い、当院の救急外来を受診した患者さん全症例を一年分調べてもらったところ、予想は見事に当たっていました。低血糖による救急搬送数が明らかに減少していることがわかったのです。

せっかくなので、これを経年的に調べて発表しようと思い立ち、ちょうど静岡県内で開催予定だった日本糖尿病学会の東海地方会に向けて準備を進めました。すると驚いたことに、2型糖尿病患者の当院への低血糖搬送数は年々減少し、われわれの診療科かかりつけの患者さんでは一年間で四人まで減少することができるようになりました（**図表6**）。そして、この結果を静岡県内の糖尿病専門医の先生方が多く集まってこられる機会に、われわれのデータを見ていただき、さまざまなご意見をいただこうと考えたのです。

【図表６】当院救急外来における低血糖症例の検討
２型糖尿病患者のかかりつけ医

		平成22年	平成23年	平成24年	平成25年	平成26年	合計
当院	糖尿病内科	11	17	11	10	4	53
	その他	2	6	1	0	1	10
他院		23	34	12	17	18	104
合計		36	57	24	27	23	167

低血糖症で受診する当院かかりつけの２型糖尿病患者は平成23年以降減少していた

出所：片平雄大・登坂祐佳・杉本大介・青山周平・飯田雅・佐藤文彦；日本糖尿病学会中部地方会（静岡）2015。

正直、地元の先生方ばかりで、当院のことについてもよくご存じであるため、ご批判も多いだろうと覚悟しておりましたが、発表後、非常に好意的なご意見を多くいただけ、安心したのと同時に、われわれの行っている治療方針についての自信が確信に変わりました。

多くの専門医の先生方にも、妥当性を実感していただけたことによって、一連の取り組みに、医局員も糖尿病チームのコメディカルスタッフも、手ごたえを感じることができました。このように、実績をきちんとまとめてみて、成功経験を多くの専門職が共有できたことによって、われわれの取り組みはチャレンジから当たり前の取り組みへとステップアップしていったように感じます。

医局員たちの労働環境の変化

診療体制が改善されていったことで、医局員たちの働き方も、想像していた以上に大きく変化していきました。

まずは、残業が大きく減りました。

前述させていただいた通り、低血糖による救急搬送患者や兼科患者数が減少したことは、医局員の時間外労働の削減に大きく貢献しました。また、休日出勤をする日数も減り、仮に休日出勤したとしても、その業務時間を大幅に削減できるようになりました。

その結果、通常勤務中の平日の時間帯にも臨床研究や専門医試験の準備に活用できるようになったり、はたまた、家に早く帰りお子さんと一緒にお風呂に入ることができるようになったりと、ワーク・ライフ・バランスの幅が広くとれるようになっていきました。医局員がそれぞれの、そしてその時々の状況に応じた、自分に適した時間の使い方を選択できるようになっていったのです。

静岡病院に限らず、一般的に大学病院や地域の拠点病院等に勤務をしていると、毎日二十一〜二十二時以降まで残業するのは当たり前だったように思います。しかし、どれだけ忙しい病院勤務であっても、医局員全員で知恵を絞り協力することで、「医師の働き方改革」を推し進め、数年後には医局員全員のルーティン業務は十六時―十七時に終わるようになりました。また、週末も病棟業務等に忙殺されることが減っていきました。

そして毎月一〜二回、一八時頃から沼津や三島・修善寺に、医局員全員で飲みに行けるようにもなっていきました。私が赴任した当初は、「送別会があるので、今日は二十一時から飲みに行こう」と声をかけても、なかなか時間通りにスタートできませんでした。その当時を振り返ると、隔世の念があります。

静岡病院からもアクセスがしやすい三島・沼津や修善寺などといった地域は、美味しい海産物や農産物に恵まれた土地でもあるため、医局員たちと一緒に、伊豆という日本有数の観光スポットの良さを少しでも楽しめる状態になったことは、われわれにとって大きな活力ともなりました。

医局員たちが時間的ゆとりを確保できるようになったことは、意外な副次的効果ももたらしました。それは、「糖尿病内科にローテーションで研修したい」という研修医の希望者数が増加したということです。

静岡病院では、私が赴任した頃には、当時の初期研修医のローテーションシステムの都合もあり、基本的に糖尿病内科へのローテーションを選択し難い状況でした。そもそも静岡病院には、ドクターヘリに乗りたいとか、第三次救急を積極的に経験したいといった救急医療へのモチベーションが高い研修医が集まっており、救急医療の中では後方支援的役割である糖尿病内科は人気が出にくい傾向がありました。そのため、年間数名程度の研修医がローテーションに来てくれるのがやっとという状態でした。

そこで、医局員全員で、初期研修医たちに当科をローテーション先として選んでもらえるように、知恵を絞って工夫を凝らすようになりました。

まず医局員たちから出たアイデアの一つは、「静岡病院にやってくる研修医に合わせたローテーションプログラムを考えること」です。

救急医療に関心が高い研修医は、救急科や脳神経外科・循環器内科といった、救急性の要素が多い医局に入局する傾向にありました。ただ、こういった診療科は、救急外来に患者が来た時に血糖管理も同時について回ることが少なからずあります。このため、こういった救急性の要素が高い医局に入局した後に血糖管理に困らないようにするためには、どのように対処すればよいのか、糖尿病内科とどう連携を取っていけばよいのか、などをイメージしてもらいながら、糖尿病についてのレクチャーをするように心がけました。

将来どんな診療科に入局したとしても、糖尿病治療は切り離すことはできません。そのため、糖尿病治療の進め方をわかりやすくレクチャーし、実践で覚えてもらうようにすれば、研修医の支持を集めることができるだろうと考えたのです。

ある意味、当科に入局してこないことを前提とした糖尿病のレクチャーに徹するのです。医局員たちのアイデアを否定せず、むしろ提案してもらった内容は積極的に実行していってもらいました。

もちろん、最終的な責任は診療科長にあります。ですので、ここでもどこまで医局員たちが考えてくれた取り組みに対して、上司が覚悟と責任を持てるのかが問われる状況でもあったと思います。

臨床プログラムにおける工夫に合わせ、われわれが実施したのが「研修医のＱＯＬを高めるための取り組み」です。

具体的には、赴任歓迎会・送別会も含めて、毎月一度は医局員全員で勤務後に食事に行くようにしていました。研修医がラウンドしてきた月は、もちろん研修医も一緒です。十八時頃には病院をみんなで出られるように仕事を終え、三島・沼津・修善寺にも足を運ぶようになったのですが、これについて研修医から予想以上の反響がありました。

通常、他の診療科をラウンドしているときにはなかなか定時で帰宅できないことが多く、ましてや仕事終わりに、車で三十分程度かかるところまで夕食を食べに出かけていくのは、われわれが思っている以上に衝撃的なようでした。

一昔前のように、製薬メーカーからの接待なども一切なく、ローテーションしている診療科の先生たちと飲みに行く時にはかなり遅い時間になってしまうことも少なくない状況のようでした。そうした事情もあって、多くの研修医は、研修病院の周辺――それも徒歩圏内のお店でしか飲食していなかったのです。「糖尿病内科をラウンドすれば、地域の美味しいお店に連れて行ってもらえるらしい」。そんな噂があっという間に研修医室で広まっていきました。

私が赴任中に、内科ローテーションの中で、糖尿病内科にもラウンドしてもらいやすいようシステム改変したこともあって、当科を選択してくれる研修医は徐々に増えていき、最終的には年間十二人以上の研修希望が来るようになりました。最近では、年間にもっと多くの数の研修医がラウンドしてくれているそうです。

毎月研修医がラウンドしてくれるようになったことで、初診の患者さんや新入院の患者さんには、率先して研修医に診察や問診を行ってもらい、アセスメントやプランも立ててもらうようにしました。そうやって研修医に裁量を持たせ、実践を経験しながら自ら考えてもらうことは、成長する上でも非常に大切なことですし、これにより彼らの糖尿病診療のレベルも格段に上がっていきました。

こういった研修医への取り組みにより糖尿病内科の魅力に気づき、最近ではそのまま入局してくれる研修医も毎年のように出てくれるようになりました。このことは、われわれ糖尿病内科医にとって本当に大きな喜びとなっています。

研修医が増え、業務の一部をお願いできるようになっていくと、もちろんわれわれ医局員の働き方も変化していきます。初診患者対応に費やす業務量は格段に抑えられるようになり、業務効率は飛躍的に向上しました。これが、医局員全員の残業時間削減に大きく貢献してくれました。しかも、初診外来の待ち時間も短くなったため、患者さんの負担が減り、今まで以上に地域の先生方からの紹介患者数が増え、結果的に収益も年々増加していくようになりました。

このわれわれの取り組みについては、厚生労働省が委託されている「医療勤務環境改善マネ

【図表７】順天堂大学静岡病院糖尿病・内分泌内科売上高の推移

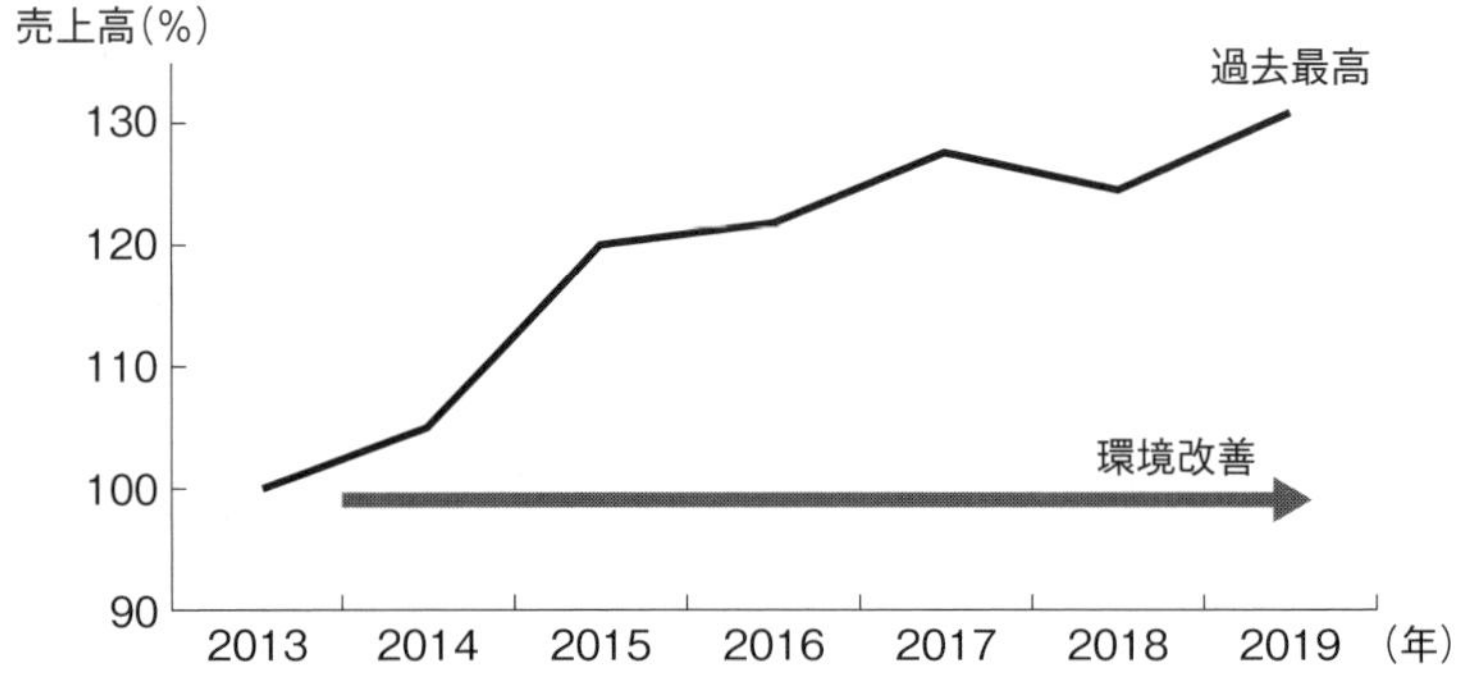

出所：「医療勤務環境改善マネジメントシステムに基づく医療機関の取組に対する支援の充実を図るための調査・研究事業報告書」p.362。

ジメントシステムに基づく医療機関の取組に対する支援の充実を図るための検討委員会」の令和元年度の事業報告書にも掲載していただきました（**図表7**）。

働き方改革がもたらした「診療の質の向上」

働き方改革はこのほか、「診療の質」という効果をもたらしてくれました。

以前まで、低血糖状態で救急搬送されてくる患者さんの対応に追われていた医局員たちですが、救急搬送が減った結果、1型糖尿病の症例や2型糖尿病でも重症な症例など、**より専門的な診療を要する患者さんに対し、積極的な介入を行うことに注力できるようになっていきました。**

たとえば、インスリンポンプ療法（CSII）による治療や、持続グルコースモニタリング（CGM：Continuous Glucose Monitoring）を装着し、より詳細に血糖管理を行うことにも、時間を費やせるようになったのです。

その他にも、コーチングを用いた行動療法・行動変容の手法も積極的に学び、患者さんとのコミュニケーション能力も高めていきました。

さらに臨床データをまとめて、積極的に学会発表を行い、専門医資格取得のためにさまざまな症例を診察し、そして学術的にもスキルアップすることに注力する時間が取れるようにもなっていったのです。

当然ながら医局員の中には「早く専門医を取りたい」「将来大学院に進みたい」「将来的には開業を視野に入れている」など、さまざまなビジョンを持っている人がいます。そんな各医局員が「将来に向けた研鑽を積むことができている」という実感を持てる環境を築けたのは、彼らのモチベーションを保つ上でも重要であったと考えています。私自身も糖尿病研修指導医資格を取得し、医局員みんなが専門医を取得していけるような環境づくりに腐心しました。

医局員たちのマインドの変化

最後に、働き方改革がもたらした大きな成果として「医局員たちのマインドの変化」が挙げられます。

前述した通り、静岡病院はもともと、私を含め多くの医局員が赴任をためらってしまうような病院でしたが、一連の取り組みを通じて、「働きやすい環境」であることが本院の糖尿病内科の医局全体にも伝わっていきました。そして、さらに具体的な内容が医局内で知られるようになるにつれて、それまでとは一転して「医局員たちにとって、**希望して行きたい派遣先**」となっていくことができました。このように「本院の医局内で注目されている病院で働いている」という状況は、静岡病院で働く**医局員にとっても大きな励みとなり、さらにモチベーションを高める要因**にもなったように感じます。

「地域医療に携わってみたい」「症例数の多い環境で経験を積みたい」というマインドを持った医局員はもちろんですが、中には伊豆での美味しい食事や観光スポットの魅力に惹かれ、配属を希望する医局員もいたのかもしれません。いずれにしろ、かつての状況と比べると、「隔世の念」をしみじみと感じるような思いがあります。

①糖尿病内科の働き方における変化

- 若い医局員全員の普段の帰宅時間が二十一〜二十三時から十七時に変わった
- 週末の時間外勤務が大幅に減り、きちんと休めるようになった⇓伊豆ライフが楽しめる

ようになった

（ただ、特に週間予定表の内容が変わったわけではない⇓各業務の効率化が図られたと考えられる）

- 専門医資格取得のために、必要な項目を各医局員からヒアリングし、その必要項目を満たせるように全面的にバックアップした（学会発表や、専門的な症例の担当など）
- 臨床研究を行う時間が増え、海外での学会発表も含め、学会発表の頻度も増えた

②糖尿病内科の実務上の変化

- 他科入院患者であっても、入院中に積極的にインスリン導入や糖尿病薬の変更を行い、患者教育も行い、血糖コントロールと糖尿病リテラシーを安定させて退院してもらった
- 病院内全体でインスリン指示票の種類を四種類のみに統一し、極めてシンプルにしたことで、インシデント数が激減した
- 入院中の当科へのコンサルティングについては、基本的に午前中にすべて診察を行うようにし、勤務時間内に対応できるようにした
- 血糖コントロール不良な方から徹底的に支援入院していただき、毎回の外来診療で時間がかかってしまうような患者さんが非常に少なくなった
- 低血糖を起こしにくい糖尿病薬に変更したことで、外来・入院ともに、２型糖尿病患者さ

んの低血糖トラブルが激減した
• 救急対応が減り、患者支援に対して、より多くの時間を割けるようになった
• 初診外来は、当日外来担当以外の医局員が担当することにした
• 地域の開業医の先生方と、お互いの顔がわかる医療連携ができるようになった
• 病床稼働率や、外来患者数、外来インスリン患者数、初診患者数が上昇した

③糖尿病内科の体制面での変化

• フィードバックを多方面から求めるようにしたことで、さまざまなコメディカルスタッフや事務職スタッフと円滑なコミュニケーションがとれるようになった
• コメディカルスタッフの糖尿病療養指導士資格取得など、より専門的なレベルアップに向けた指導を行えるようになった
• 支援入院の患者さん向けの講義を、看護師・管理栄養士・薬剤師にも行ってもらうようにした
• 外来・入院ともに、インスリン自己注射や自己血糖測定指導などの業務を、積極的に糖尿病療養指導士に行ってもらうようにした
• 各種書類の記入だけではなく、退院サマリー内のデータ入力や退院処方などの入力を、パートで雇った当科秘書（医療事務）に行ってもらい、本当に医師の記載やチェックが必

要な箇所のみ、医局員が行うようにした
- 頸動脈検査やＡＢＩ検査を、検査技師に行ってもらうように非常勤の技師を採用した
- 学会発表も糖尿病療養指導士に、症例集めやデータ管理を行ってもらい、実際に学会発表も行ってもらった
- 地域の糖尿病専門医の先生方や糖尿病療養指導士の方々との勉強会や交流が増えた

静岡病院で、一連の改革が成功したわけ

本章では最後に、こうした働き方改革がなぜ伊豆という医療過疎の土地にある大学分院で実現できたのか。その背景にあった要因について私なりの考えを簡単に述べたいと思います。

(1)順天堂大学として

静岡病院が「順天堂大学の附属病院」であったことも、一連の取り組みを成功させた一つの要因であったように感じています。

順天堂大学は、学是「仁」にあるように、人々の生命を尊重し、創造的な前進と改革を進める「不断前進」の理念を持って医療に携わってきています。実際に司馬遼太郎の小説『胡蝶の

夢』などでも紹介されているように、漢方医ばかりだった江戸時代末期から、いち早く西洋医学を取り入れるなど、先駆的な取り組みを数多くチャレンジしてきた歴史があります。今回の、われわれが行った伊豆での「医師の働き方改革」を、日本の中でかなり早い段階から推し進められた理由も、こういったチャレンジ精神を是とする風土があったからだと感じています。

そして、私が在籍していた糖尿病・内分泌内科においても、河盛隆造《かわもりりゅうぞう》先生が初代の教授として、2型糖尿病におけるインスリンの四回打ちや頸動脈超音波検査での非侵襲的な動脈硬化評価方法など、実臨床の中に革命的なことを数多く実践され、医学的に非常に大きなインパクト・足跡を残されています。

今でこそ、インスリン四回打ちや頸動脈超音波検査は、日本だけでなく世界のスタンダードとなっていますが、当初はかなり強いバッシングを多方面から受けておられました。にもかかわらず、正しいと思ったことを貫き、学会発表や臨床の現場での実績を着実に重ね、イノベーションを起こしていく姿を目の当たりに見ることができたことは、私をはじめ、医局員全員にとって、非常に貴重な経験であったと思われます。

私自身も静岡病院に派遣されてから、いろいろと糖尿病治療に関する思い切った試行錯誤を行えたのは、このような医局での数々の経験や知見があったからだと感じています。そして、現職の教授からこれらの裁量について、私に一任させていただけたことも、本当に順天堂大学糖尿病・内分泌内科の懐の深さがあってこそだと感じています。

余談ですが、箱根駅伝やオリンピック金メダリストを輩出している順天堂大学は、医学部と体育学部（現スポーツ健康科学部）の一年生は全員、千葉県内にある「啓心寮」という名の学生寮で寮生活を行います。私が入寮していた当時は、総勢三五〇人ほどの寮生がおり、一部屋八人で、そこに医学生は一人か二人程度の割合で生活していました。このため、医学生だけで凝り固まって何かをするのではなく、体育系のかなり自分たちとは異なる価値観の人たちと触れ合いながら寝食を共にし、考え方の柔軟性が培われていったような印象があります。

そういった一年生全員が入っている啓心寮では、二年生の有志たちが各部屋の部屋長として、一年間、新入生の面倒をみます。その寮全体をまとめるのが寮長なのですが、私自身、結果的に医学部生として最後の「啓心寮」の寮長として一年間、この寮生たちをまとめる経験も積ませていただきました。

そういった順天堂大学でのさまざまな経験が、日本の中でも非常に早い段階で「医師の働き方改革」を推し進めようとアクションを起こせた原動力になったような気がします。

(2)静岡病院として

次に、静岡病院の体制についてです。

これまでもご説明してきた通り、静岡病院は伊豆半島での「最後の砦」としての役割を果たしていますが、裏を返せばこれは、「かかりつけ医から静岡病院へ」という患者さんの動きが非常にシンプルかつスムーズであったことだとも言えます。

都心部では、拠点病院がいくつもあり、その地域に住んでいる住民の方々は、どの拠点病院に行くか、複数の選択肢を持っています。しかし、地方に行けば行くほどそういった選択肢はなくなってしまいます。ですので、地方や僻地の拠点病院は、救急要請があった場合、日夜断ることなくほとんどすべての患者さんを受け入れているのではないでしょうか。

静岡病院の場合もご多分に漏れず、可能な限り受け入れる対応を貫いているので、院内で診療科同士の連携が取りやすい上に、そのことを伊豆半島で暮らす人たちもしっかりと認知しているために、プライマリケア領域の拠点医療機関との関係性が明確になっています。こういった明確な関係性ができていたことが、患者さんの紹介・逆紹介をスムーズに行えた要因の一つであった思います。

つまり、地元に住んでいる患者さんにも、「困ったときには静岡病院を受診すべき」というマインドがもとから醸成されており、だからこそ逆紹介のオファーをわれわれが患者さんにお願いしたときに、驚くほど拒絶されることなく受け入れてくださる方が多かったのだと思います。

このように、**「病院としてのポジショニング」に対する認識が院内外のあらゆる方面において一致していること**が、今後、医療機関が「医師の働き方改革」を実行する上でも、とても大切な要件だと言えるでしょう。

なお、静岡病院は第三次救急病院であるため、当然各科が常に忙しい状態でした。しかし、診療科がお互いに「要請があれば患者さんを断らない」というポリシーを普段から共有し合っているからこそ、他科の医師がその日何時に帰っていようとも、診療科目同士で干渉することはありませんでした。

お互い多忙なこともあって、さまざまな会議についても、無駄なく必要最低限の時間で、クリアカットに要点だけをしっかり押さえた進行・運営がされていたことも印象的です。「忙しいのはお互い様」「いつ患者さんが来ても助け合おう」というような価値観が当たり前に共有される風土が根付いていたと感じます。また、いずれの診療科の先生方も、病院内の血糖値のコントロールに関しては、当科の治療方針を尊重し、一任してくれました。お互いをプロフェッショナルとして認め、働き方・診療方針に対して尊重し合っていたことも、改革を推進する上で大きな成功要因の一つであったと思います。

⑶地域連携や患者さんの同意

続けて、伊豆半島という地域の特性についても目を向けていきたいと思います。

先ほど申し上げた通り、静岡病院が「最後の砦」としての役割を果たしていた伊豆エリアですが、患者さんもこのことをよく認識しており、逆紹介で地元の医療機関へと戻っていくことに賛同してくださったのは、大きな要因であったと言えるでしょう。

ただ、当時の伊豆エリアにおいて、地域における糖尿病治療の医療連携システムがまだまだ未成熟であったことは否めません。これまでも紹介してきた通り、私が赴任した二〇一二年当時は、ちょうど糖尿病の新薬が数多く登場し始めたタイミングであり、既存の治療法が大きく見直され始めた時期でもありました。新薬の医学的な情報は広まり始めていましたが、そうは言っても、非専門医の開業医の先生方からすれば、SU薬を中心に考える従来型の糖尿病治療を変えてしまってよいものか否か、まだまだ悩ましかったと思います。

そんな状況下で、新薬の特性を最大限に活かした治療法にスライドしていけるように、われわれ自身の臨床データも提示しながら医局員全員でアピールしていけたことは大きな意味を果たしたと思います。

このように、自分のいる**地域の臨床的課題を明確化し、その課題に対して思い切って踏み込んでみた**ことも、結果としてわれわれにとって大きな追い風となりました。

自院でも同様に働き方改革を実行しようと思われたら、ぜひ最初に地域における自診療科の医療課題を挙げられるだけ列挙してみて、地域の患者さんのためにそれらの医療課題にどのようにアプローチしていくべきか、あらゆる角度から見つめ直し、いろいろな方と連携しながら試行錯誤されてみることをお勧めします。もちろんそのときに、医療事故等が起こらないようあらゆる方面から慎重に確認していくべきであることは言うまでもありません。

また、多職種・多施設で臨床的な課題解決を進める際には、地域での勉強会や学会などの機会も有効に活用し、仮説の正しさについて臨床データをまとめてみて、そのデータを多くの先生方に検証していただき、議論を深めていくことも非常によいと思います。このように、正しく検証されたデータを多くの医療者が目にすることで、地域の医療連携がワンランク上のレベルに上がっていくでしょう。

(4)静岡病院糖尿病内科として

これは何と言っても、「医局員のメンバーが若く、基本的に全員が労働環境の改善に前向きであったこと」が挙げられるでしょう。

最も働き盛りの世代であり、まだまだ医師として成長の伸びしろも大きく、個々人が将来に向けた展望を持っている時期ですので、単に「楽をしたい」というだけでは決してなく、「どんどん専門性の高い業務にも取り組んでいきたい」「最新のエビデンスに則って、今まで以上にクオリティの高い診療を行いたい」と前向きな意欲をもって自分たちの働き方を提案してくれました。

随時1on1を通じて医局員一人ひとりと対話を行いましたが、若手の医局員からは研修医の求めるニーズについて、中堅の医局員からは医局内でのよりクオリティの高い診療体制や効率性の高い診療業態について、それぞれの目線からさまざまなレイヤーに対して深い洞察を持っていることがうかがえました。それらを私にフィードバック・助言してくれたことは、私だけでなく医局にとって大きな財産となりました。

さらに、私に与えられた裁量を活かし、その声を一つずつ実現・実行させていくことにより、多くの業務改善が図られ、診療のクオリティも上がっていく実感を得ることができたのです。

加えて見逃せないのは、糖尿病内科の治療に協力してくれるコメディカルの貢献です。糖尿病患者への講義やフットケアなど、数多くのタスクシフトを受け入れてくれたコメディカルスタッフでしたが、それを意欲的にこなし、病院内の診療の質向上に大きく寄与してくれました。

医局員とは異なり、多くのコメディカルスタッフは「地元住民」でもあり、伊豆エリアにある医療機関の中で静岡病院を選んでいる時点で、向上意欲・貢献意欲が高いスタッフが多かったのかもしれません。

伊豆長岡で、静岡県東部エリアの糖尿病療養指導士の育成支援を目的としたセミナーを開催した際も、静岡病院のコメディカルスタッフは多数参加してくれました。伊豆エリアにおいても、定期的に糖尿病診療に関する勉強ができる体制を整えたことによって、「東京や静岡市内まで行かなくても勉強できる機会が増えた」「他院のコメディカルとの横のつながりが生まれた」といった喜びの声も少なからず聞かれました。

このように、われわれの期待に応えて、糖尿病診療に興味を持った優秀なコメディカルスタッフがどんどん増えていってくれたことも、大きな成功要因であったと考えます。

どんな地域であれ、コメディカルが院内外を問わずお互いに刺激を受け、自分たちの生活圏内できちんと学びたいことが学べるような環境が整っていけば、おのずとその地域の診療の質も向上していきます。そして、そういったクオリティの高い「地元住民」の医療スタッフを多く抱えている病院・医療機関は、たとえどんな災害があったとしても、常に盤石な医療機関としてその地域に根差すことができるのだと感じます。

(5)私自身の要因について

最後に、僭越ながら私自身の要因についてお話しさせていただこうかと思います。

実際に働き方改革を実行していく過程において、やはり数多くの難所が存在しました。そうした難所に出くわした際、私がどのような価値感や判断基準を大切にしていたのかを少しばかりご紹介したいと思います。

「われわれは変われる」(だからこそ頑張ってみる)という気持ちを持つ

そもそも、「医師の労働環境の改善」「医師の働き方改革」など到底不可能だろうと思っている方は、今なお、かなり多いのではないでしょうか。

「ひっきりなしに患者さんが搬送され、それに逐一応じなければならない。医師が激務なのは構造的な問題であり、臨床の現場で工夫をしてもどうしようもない」。確かにこれは一理あるかもしれません。

ですが、そこで思考を止めずに、「何かできることはないか」とまずは考え直してみることが非常に重要であると、一連の取り組みを通じて強く感じました。

「医師の働き方改革」が本格稼働するのが二〇二四年春。私が静岡病院に赴任したのが二〇一二年夏でした。赴任して二年を過ぎた二〇一四年頃から、コーチングというコミュニケーション手法を用いた、残業削減（「医師の働き方改革」）の成果が目に見えて出てくるようになり、医局員全員のルーティンワークが午後四～五時で終わるようになってきました。

「医師の働き方改革」が始まるちょうど一〇年も前の出来事です。

まだ「働き方改革」という言葉すらなかった二〇一二年当時に、「医者の残業を減らしてみよう」と考え、とりあえずチャレンジしてみてはどうかと思うようになったのは、私自身が、三浪をした末に医学部に入ったという過去の経験による影響も大きいかもしれません。

高校は地元の男子校の進学校に入ったので、父親も医師でしたから、入学当初は、将来はこのまま医学部に進むのかなと漠然と意識していました。

しかし、実は高校卒業時、どうしようもなく落ちこぼれてしまった私は、あらゆる大学に合格するレベルになく、正直自分でも、大学入学に向けて、どこから手をつければよいか全くわからない状態でした。

挙げ句の果てに、お世話になった古株の先生からは、「佐藤。大学というところはな、高校三年間一生懸命勉強した人たちが入るところや。お前もこれから三年間、必死で頑張れ」と励まされ、ゼロから教えてくれる上賀茂神社近くの小さな予備校を紹介してくれました。

一浪目が終わろうとしていた三月三十日に某地方国立大学農学部から補欠合格の知らせが届きました。しかし、厚かましいことですが、入学金だけ払って、大学を休学させてもらうことにしました。実は合格した学科が林業系で、自分の思い描いていた都市の造園・環境系とは異なっていたことも理由の一つです。

二浪目。いわゆる「仮面浪人」に立場上なったこともあり、軽い気持ちで、模試の私学の志望大学欄に「医学部」を記入するようになりました。すると、自分の予想外に徐々に合格判定のレベルがEからD、Cへと上がっていき、「もしかしたら医学部に行けるのではないか」という、高校時代に封印してしまっていた気持ちがくすぶり始めました。両親にも相談し、二浪目に国立の農学部を受験する傍ら、いくつかの医学部も受験。東京慈恵会医科大学や順天堂大学医学部の二校の補欠になりました。しかし、最終的に合格には至らず。しかも、センター試験も失敗していて、志望大学の農学部にも入れず、結果的には全敗。苦渋の決断で大学に復学しました。

その年、夏休みの終わりまで相当悩みましたが、新学期で大学に戻らないといけないといったときに「ラストもう一回、これでダメだったらしょうがない」と腹をくくり、医学部を再受験することに決めました。

これにより、日中は大学で授業を受け、下宿に帰ってからは受験勉強という毎日で、周囲の同級生たちも気を遣って遊びに誘ってこなくなりました。

この時期は、さすがに精神的にもかなり追い詰められはしましたが、こういった崖っぷちに追い込まれた状況のときに思い出されたのが、高校時代の吹奏楽部の顧問の言葉でした。

あれは吹奏楽コンクールの全国大会本番間近の頃。時期としては、高校三年生の十月中旬だったと思います。京都大会を勝ち抜き、関西（近畿）大会も勝ち抜いて、もう半年近く同じ曲を毎日毎日練習して、同時にもう数カ月後には大学受験も控えているのにというプレッシャーもある中、とにかく目前の全国大会のために朝から晩までひたすら練習していました。われわれの高校が全国大会に出場するのは七年ぶり二回目。ほぼ初出場と変わらないような手探りの状態でした。

そのときに、われわれ部員が煮詰まってしまっているのを感じとったのか、練習の終わりに顧問が「練習がきついのは、どこの高校も同じや。みんな苦しい思いをしている。だからこそ、今こそ頑張らんとあかんのや」と檄を飛ばしました。そのとき、高校三年生ながらに、そういうものかと思い、残りわずかの期間、さらに歯を食いしばって練習に打ち込みました。

結果は「金賞」。京都の代表としては中学・高校・大学を通じて初めての「全国大会金賞」でした。「ああ、こうやって苦労したことは報われるもんなんやな」と高校生ながらに実感したことを今でも覚えています。

下宿のこたつに入って受験参考書などを開けながら、あの全国大会前の顧問の言葉ときつかった練習の日々を思い出し、とにかく必死で自分がやれるだけはやってみようと、二月まで何とか我慢して頑張ったことが、最終的には順天堂大学の医学部に拾ってもらうこととなっていきました。

今、このようにして医師として働くことができています。その当時は本当につらく、絶望的なプレッシャーに襲われそうにもなりました。しかし、十代の頃にそういう歯を食いしばった経験ができたことによって、歳を取ってからも目の前にあることをただ単に不可能だと決めつけず、とりあえず歯を食いしばって努力してみるという気持ちに切り替えられるようになったように思います。

中間指標を設定し、働き方改革の成果を「見える化」させる

話を元に戻しますが、確かに医師の残業時間をゼロにするのは一朝一夕にはいきません。われわれの施設においても、残業時間がゼロになっていったのは、コーチングを始めて三年目の頃でした。

このように一筋縄でいかない状況の中、「医師の働き方改革」を着実に進めていくためのポイントの一つは、中間指標にもしっかりと目を向けることであると考えます。

たとえば、われわれの経験した例でいえば、「低血糖で搬送されてくる患者数が明らかに減っている」というのは、われわれにとっては時間外労働削減に寄与する非常に大きな変化でしたし、「この方向性に向かっていけば大丈夫な可能性が出てきた」と思わせてくれる医学的エビデンスにもなりました。

まずはできるところから手を付け始め、それによって出た結果を検証してみることです。最初からうまく結果が出なくてもかまいません。うまくいかなければ、どうしてうまくいかなかったかを再検証し、再びみんなでアイデアを出し合ってもう一度チャレンジしてみる。こういった「医師の働き方改革」における検証は、それこそ臨床研究や基礎研究とかなり似た共通点があります。

もしうまく結果が出ていれば、それを客観的にデータ化して、他者の方々にも評価してもらう。そうして実績を高めていくことにより、真の「医師の働き方改革」の実現に近づいていく

のではないでしょうか。このようにして、実際に結果として実績が出せたときには、それが非常に力強い後押しとなってくれると思います。そして、今まで以上に方向性が明確化していくことにもなるでしょう。

実際、一度失敗しても、再度チャレンジしてみる。しかも再チャレンジするときは、覚悟を持って逃げずに行う。私自身は、前述した大学受験の経験はまさにトライアンドエラーの連続でした。先生方の中にも、大学受験や国家試験の時、はたまた、このような大学院での基礎研究等の論文執筆や学会発表のときなどで、同じように苦労された経験をされた方は多いと思います。

ただ、学術的な苦労と「働き方改革」での苦労とでは異なる部分もあります。それは、自分が頑張っても、頑張りだけでは組織が変わらないこともあり得るということです。

他人の評価がすべてであると心得る

先ほども述べたように、自分たちが改善してきた内容を数値化し、他者に評価してもらうことは、非常に大切なステップであると考えます。そして、そもそも**「医師の働き方改革」を成功させる上で、**「働き方改革推進者」として意識すべきなのは、自分で勝手に限界を設けて自己満足するのではなく、**随時しっかりと他者の声を聞くこと**であると思います。

もちろん医局員等の声を聞いたことによって、逆に診療の質が下がってしまっては何にもなりません。さらに経営的な側面に対しても常に意識をしておく必要もあります。当然、業務改善はできても、売上が著しく減少してしまったりすれば、病院経営層への説明責任が果たせず、取り組み自体が頓挫してしまうことになります。

そこまでいかなくても、それなりに頑張ってみたが、予想外に周りの評価が低いと感じることもあるかもしれません。

たとえば野球やサッカーなどのスポーツにおいても、「自分としては頑張っているつもりなのに、なかなかレギュラーになれない」などといったシチュエーションを経験された方もおられると思います。音楽でも、誰がソロを吹くのかといった局面において、そこには熾烈な競争が、スポーツと同様にあったりもします。

ご存じの方も多いと思いますが、プロ野球の故・野村克也氏の名言の一つに「勝ちに不思議の勝ちあり、負けに不思議の負けなし」という有名な言葉があります。一生懸命にやっただけでは報われないことが人生の中にはあったりします。これは、ただ一生懸命にさえやっていればよいというわけでなく、うまくいかなかったときはその理由が必ずあるということをわれわれに伝えてくれているのではないでしょうか。その理由を考えていかなければ、いつまで経っても思ったようには他人に評価されず、それによってレギュラーポジションにもつくことはできないし、ソロを吹かせてもらうこともできないかもしれません。

私自身、中学・高校時代は吹奏楽部に所属して、チューバという低音の金管楽器を担当していました。特に高校時代は全国大会に出場すべく、地域の強豪校と毎年熾烈な争いを行っていました。しかし、いつも難しいなと感じていたことは、「音楽の評価をするのは常に『他人』である」ということでした。

スポーツの分野でも、フィギュアスケートやアーティスティック（シンクロナイズド）スイミングといった競技も同様に、「評価をするのは常に『他人』」です。剣道や柔道などもそういった要素はあるのかもしれません。どれだけ厳しい練習をこなしたとしても、それが他人（審査員・審判）に評価されなければ、良い演奏・演技等とは評価されません。

これと同じように他者から評価されることは、日々の病院経営でも当たり前のように見られます。それは、どれだけ患者さんが来院されるかといった、いわば集客に特に表れてきます。

私も、静岡病院赴任当初は、救急外来での初診が多く、一方で通常の紹介状を持ってこられた初診患者さんがなかなか増えないことに困っていたことは、すでにお話しした通りです。こういったお悩みを持つ病院経営されている先生方は、本当にたくさんおられると思います。

自分はこんなに頑張っているのに、患者が集まらない。そういったジレンマや苛立ちは、痛いほどわかります。ただ、それではなぜ、患者さんが集まる病院とそうではない病院と差がでてきてしまうのでしょうか？

もちろん、その病院の立地の良さや設備の豪華さ、優秀なコンサルタントによるマネジメント力の違いなどで、その差ができることもちろんあるでしょう。

ただ、結局は来院されるのは患者さんです。そして、紹介状を書くのは近隣の開業医の先生方です。その方々から、自分たちの病院を頭に思い描いてもらえなければ、そして、自分たちの病院に「行こう」と思ってもらえなければ、いつまで経っても患者さんは来てくれません。まさしく「評価をするのは常に『他人』」なのです。

医学部受験や国家試験は、自分が頑張れば結果を出すことができました。

また、医師が患者さんを診察し治療することについては、緊急を要する治療であればあるほど、一対一の関わりで、「治せたか、治せなかった」という二極の結果に集約されるかもしれません。確かに、その高い医療レベルが患者さんの受診率を上げているということも間違いなくあると思います。

しかし、病院の評判等はそれだけではないのも事実です。人の心は、ただ自分が努力しているだけでは上手につかめないことも多々あります。

高校時代に所属していた吹奏楽部は、京都府内屈指の強豪校でした。しかし、全国大会に出場するためには、春の高校野球（選抜高等学校野球大会）のように、関西（近畿）地方の代表になる必要がありました。しかも、春の高校野球よりも代表校数がずっと少なく、たった三校しか関西の代表になれません。われわれの高校は当時、関西の中で四番目という状態が続いており、毎年すんでのところで全国大会に出場できず、しかもその壁がなかなか越えられずに毎年悔し涙を流していました。

その壁を乗り越えるために、一年中緊張感のあるなかでの厳しい練習が毎日繰り返されていました。さらに、厳しかったのは演奏の練習だけではなく、演奏するときの入退場のやり方まで「高校生らしく清々しい入退場を行う」ように、徹底して練習させられました。舞台袖から部員全員の入場が始まって楽器や譜面のスタンバイがすべて完了するまでを必ず一分以内で行う。そのときに舞台袖から全員背筋を伸ばして入場し、私語は一切せず、着席したらしっかりと背筋を伸ばして静かに待つ。

どうして、そこまで顧問の先生はコンクールに対してこだわったと思われますか?

先生は「どんなに素晴らしい演奏をしたとしても、それ以外の部分でだらしない面を見せてしまうと、聴いて下さっている人たちの演奏に対する印象が一気に落ちてしまう。それが最も怖い」と常々話をしていました。

私自身も大学院生時代、ある小さな学会で自分の研究発表を行う機会がありました。そのプレゼン直後の質疑応答で、ちょっと予想外の質問をされ、多少雑な返答をしてしまいました。すると、演壇から降りた直後に河盛教授がスッとこちらに寄って来られて、「佐藤。たとえどんな場所であっても、絶対に手を抜くな」と、優しくもキッパリとした口調で助言を下さいました。「逆に、こういった小さな会で思わぬ人と出会えることになるかもしれないし、そのチャンスを逃すかもしれない」ともおっしゃっていました。実際に教授は、どんなに小さくて遠方の講演依頼であったとしても、一切断ることなく、依頼があった順番にスケジュールを埋めていっておられました。そして、そういった講演会をされた後、医局員が講演を聴かれた先生方などとお会いすると、非常に喜ばれている様子を拝見するといったことを、われわれは今までに何度も経験したことがあります。

そういった意味では、「学会や地域の患者さんを対象にした講演会で、非常に素晴らしい内容でスピーチを行っていた院長先生が、壇上から降りたそのときに、一瞬何かのトラブルがあり、気に食わないと思った瞬間に、非常にきつい言葉を会場のスタッフに浴びせてしまった」というようなケースがあったとします。そういった場面を見た瞬間に、会場にいた人たちは、それまで持っていたその先生に対する印象を一変させてしまい、「あの病院には行きたくない」と思われてしまうこともあり得なくはありません。

病院の印象や評判は、何も病院長の先生だけではなく、そこで働く医師・看護師・事務すべてのスタッフが影響を与えます。特に都心部であればあるほど、「最新の設備が整えられているか」というハード面だけでなく、「受付や電話での応対がきちんとされているか」「医師や看護師の言葉遣いや服装はどうか」とか、そもそも「親身になって診療してくれているか」といった、サービス面の評価を日々多くの患者さんが厳しくチェックされています。

まさに、「評価をするのは常に『他人』」であることを、病院運営上は常に意識せざるを得ないと考えます。

さらに、日頃の仕事上においても、その内容を評価するのは常に他人・他者となります。いくら自分が頑張っていると思っても、上司や部下がそれを評価してくれなければ、何にもならないときもあります。場合によっては、自分は一生懸命に教えたつもりでも若い人からはパワハラだと言われてしまうこともあるかもしれません。しかしそれは、他人からどう評価されているか客観的に自分を見つめ直す時間や手間を普段から作っていれば、実際には防げることも多いと思います。

したがって、できる限り自分の努力と他者の評価を一致させていくために、定期的にあらゆる方面の方々からフィードバックをもらうようにしたり、患者さんからのアンケート調査で確認してみたりして、自分自身を客観的に見つめ直す習慣を定期的につけておくことが非常に大切になります。

特に、病院の評判や求人の成立率などについては、まさしく「勝ちに不思議の勝ちあり、負けに不思議の負けなし」という精神が試されているとも言えます。

さらに、入職者の求人におけるときも同じで、「病院の雰囲気が良いか」「医師は横柄ではないか」「看護部はギスギスしていないか」など、就職を考えている医療スタッフであれば、間違いなく強い関心を持っているでしょう。

そして今の時代はどんな地方の病院であっても、そういった情報はSNS等のインターネットを通じて、いとも簡単に情報交換されている可能性があります。

一般的に病院で募集したいのは若い医療スタッフであることが多いと思いますが、その若い人たちこそ、そういったネット上での情報交換を盛んに行っています。ですので、最近は都心部・地方関係なく、人気があればドッと人が集まり、イメージダウンになるような出来事や発言があれば、サッと人がいなくなってしまう時代になってきています。

そのためにも、毎年各医療部門に何人が入職して、何人が退職していったか等、データで客観的に評価を行うことが大切と言えます。

少し厳しいと思われる方もいらっしゃるでしょうが、医局を例に挙げるとするなら、医局長が誰であったときには何人が入職して、何人が退職していったのか、その後交代した医局長の時代には、何人が入職して、何人が退職していったか、といったことをきちんと数値化し、歴代の医局長が医局にどれくらい真の貢献をしていたのかを客観的に見直してみることも必要です。そして、どうしてうまくいっていたのか、うまくいかなかったのかを、自分たちなりにしっかりとサマライズしていくことが、今後の方針づくりの土台になるでしょう。

こういった極めて豊富な情報が行き交う時代だからこそ、うまくいっていないときは「負けに不思議の負けなし」という言葉通り、どうしてうまくいかないか、病院経営者は必死でその原因を探り、適宜クオリティの高い対応策を講じていく必要があります。病院の評判は音楽や各種スポーツと同じで、常に「他者の評価がすべてである」と言えます。

「医師の働き方改革」においても、自分たちの取り組みの成果を数値化してみるなど、客観的なエビデンスベースで常々検証していくことが重要なポイントとなります。なかなか時間がなく、効果検証を行えるゆとりがないかもしれませんが、部分的にでもよいので、自分達の取り組みのどの部分が功を奏していて、どの部分に課題がありそうなのかを、日ごろから客観的に判断できるようにしておくことが、これからの時代、強く求められています。

「縁の下の力を軽んじず、重用する」

実は、私が静岡病院での取り組み時に強く意識していたことの一つに「縁の下の力を軽んじず、重用する」という姿勢がありました。これはつまり、医療業界の中では「縁の下の力持ち」にあたる、医療事務や看護助手、一般事務職といった職種の方々とできる限りコミュニケーションを取って、普段から顔見知りになっておくことを指しています。加えて、そういう「縁の下」で支えてくれている彼らから、どんどんフィードバックをもらうということを大切にしていました。

やはり病院内のことであっても、**医師から見た景色と、異なる職種から見た景色では、全く異なることが多々あります。**患者さんも医師に対する態度や発言と、その他のスタッフに対する態度や発言とでは、一八〇度異なっているということも珍しくありません。

そういった意味でも、経営者や管理職の立場の主要人物が、自分からでは見えない角度からの視野を常に意識しておくということは、非常に大切なことであると考えます。

実際、私自身も「自分からでは見えない角度からの意見」を日頃からフィードバックしてもらうことによって、新たなアイデアや業務改善を行うことができました。

そういったことを強く意識していた理由は、吹奏楽部で私が担当していたチューバという楽器の特殊性にあると思います。特に吹奏楽の世界では、とにかくチューバはどんな曲においてもメロディーラインを担当することが一切ありません。常にベースラインの伴奏担当です。このため、当然スポットが当たったりすることもありません。そういった、常に裏方に徹していた（徹せざるを得なかった）環境に、私自身ずっと身を置いていたことが、裏方の仕事をしていただいている方々にどうしても注目をしてしまうという、ある意味偏屈な人生遍歴につながっていったのかもしれません。

しかし、音楽というのは、極めれば極めるほど、「最後はメロディーラインとベースラインといった最上部と最下部の音の二つが決まらないと形にならない」という結論に達していくのではないかと思います。実際に、多くのプロの演奏家や指揮者の方々も口々に同じことを言われます。

一番上の音だけでは重厚感に欠け、チューバのような重低音がきっちり安定していることによって、音楽は絶妙なハーモニーが成立していくのです。

医療現場においても、常々音楽のハーモニーに似たところがあるのではないかと、私は考えています。前面に立ってメロディーラインを奏でているような立ち回りの人もいれば、それを下から支えているチューバ奏者のようなベースラインの立ち位置の人もいます。まさしくファーストバイオリンのように華やかなメロディーラインを担当しているのは、医療現場の中ではもちろん医師たちです。

医師が伸び伸びと活躍できる環境でなくては、良い医療は成立しません。しかし、かと言って医師だけで病院は運営できません。もし本当に医師だけで運営するのであれば、診察室や病室の掃除から、患者さんに提供する料理づくりも、会計のためのレジ打ちも、レセプトの書類管理までも、すべて医師の手で行わなければなりません。

だからこそ、「縁の下の力持ち」で働いてくれているさまざまな職種の方々も気持ちよく働けて、気付いたことをすぐに意見してくれる環境を整えておくことが非常に重要なのです。彼らの支えなくしては、医師が日頃伸び伸びと活躍できる環境はもろくも崩れ去ってしまうでしょう。

実際に、私自身、こういったいろいろな職種の方々と気軽に会話をする機会を常々持つようにしていましたし、診察終了後に飲みに行くこともありました。そうした時間の中で、医師では到底気づけないような問題点や解決策を、彼らから何度も教えていただきました。

一つ例を挙げますと、ある日の夕方、糖尿病内科の外来診察は終わっていたのですが、消化器外科に入院している患者さんのご高診が一人残っており、帰れずにいました。こういった、診療の空白になってしまっている時間が残業時間を増やしている一要因であることは間違いありません。

カルテがどこに行っているのか確認してもらったところ、循環器内科にあり、これから眼科のご高診もあるとのこと。そうすると、当科に回ってくるのに一時間以上かかる可能性があります。

「これではなかなか帰れないな」と困っていたところ、同じように困った顔をした看護助手が数人いました。内科の看護助手さんたちはほとんどが主婦の方々で、子どもがいる人も多くおられました。彼女たちも、このご高診が終わらないと帰れないとのこと。そのまま立ち話となったのですが、そこでわかったことは、一人の患者さんで同日に複数のご高診が出された場合、どこの診療科から診察してもらうかの取り決めは特に何もないということでした。その日その日で、何となく診療科の順番が決められて外来にカルテが下ろされているのです。

それならば、どうしたら糖尿病内科が一番最初に診察するようにすることできるのかと尋ねたところ、彼女たちも「よくわからない」とのことでした。ただ看護助手さんたちは「糖尿病内科の先生たちが午前中に必ず診察してくれるというのであれば、万が一他の科にカルテが行ってしまっていても、何とか交渉してカルテを午前中に持ってくるようにしますよ」と言ってくれました。

糖尿病患者さんはさまざまながんになりやすいことが近年明らかになってきています。しかも、ご存知の通り、糖尿病は網膜症などの最小血管障害や心筋梗塞といった動脈硬化も引き起こしやすいことで有名です。

たとえば、糖尿病コントロールが不良で、しかもすでに心筋梗塞でカテーテル治療をされている患者さんが、急に下血をしたとのことで病院を受診したところ、大腸がんと診断されたとします。そうすると、入院翌日には血糖コントロール目的で糖尿病内科に、術前後の抗血小板薬の使用方法について循環器内科に、そして長年網膜症チェックをしていなかったので眼科にと、同時に複数の診療科に診察依頼が出されることも珍しくありません。

そこで、どうすればわれわれ糖尿病医は、毎日午前中にご高診依頼の患者さんを診察することができるだろうかということについて、医局員みんなでディスカッションしました。すると、その日外来担当の医師以外の医局員が、主科の患者さんの診察・ラウンドを行い、それが終わり次第、外来に降りて来て、外来初診の患者さん応対と入院患者さんのご高診対応を分担して行えば、充分に午前中に診察を終えることができるという目途が立ちました。

このことを、看護助手たちに伝えたところ、それでは明日から糖尿病内科が最初にご高診依頼の患者さんを診察できるよう、他科の看護師・看護助手たちに交渉すると言ってくれました。

そして実際に、その翌日以降、お互いに約束を守り、ほぼ間違いなく午前中に複数科のご高診依頼のある患者さんの診察が終わるようになりました。これによって、以前までのような終業時間近辺の「空白の時間スペース」を極力抑えることができ、十七時までには診療科としてのルーティンワークを終えることができるようになっていきました。

このように、さまざまな職種と日頃から気軽に話ができる環境をつくっておけば、思いがけない気付きや改善策が見つかることもあるのです。最近では、こういったことが世の中的にも注目され始めています。

それがGoogle社が提案した「心理的安全性」という言葉に集約されるのです（169頁参照）。

お示ししたエピソードは、「縁の下の力を軽んじず、重用する」という姿勢を示していたからこそ、議論することができ、見出すことのできた改善策だったと思います。

それを「縁の下の力を軽んじて、徴用する」という姿勢で医師や病院長が接してしまっていては、ざっくばらんな意見を拾い上げることはできず、さらにそういった職種の人たちの協力も得られることがないまま、解決されずに放置されてしまったままとなってしまうのではないでしょうか。それではいつまで経っても「医師の働き方改革」を断行することが困難な状況が続いてしまいます。

ですので、やはり常日頃からさまざまな視点から物事を見ておくことが重要だと考えます。そして、時代の流れ的にも、これからは「心理的安全性」というキーワードに代表される、**メンバー同士の相互信頼感の高いチームが強く求められている時代**であることを、われわれ医療者もしっかりと再認識しておく必要があります。

大切なのは、組織全体として良いハーモニーを奏でることを意識することなのです。ファーストバイオリンがとても上手であっても、他のパートとの息がまったく合っていなければ、演奏としては聴くに堪えないものになってしまいます。そんな演奏状況のような病院を、地域の人々が毎日目撃しているとすれば、人が集まってくれないのも当然と言わざるを得ません。各パートが息を合わせて、ひとつのハーモニーをつくり出す病院体制を整えていくことが重要なのです。

何を担っているからどちらが偉いというわけではなく、お互いを尊重し、認め合うことで、その組織の総合力が高まり、素晴らしいハーモニーをつくり上げるというイメージは、病院経営を考えていく上でもぴったりと当てはまると思います。

そういった意味では、病院内に野球部やフットサルといったサークル活動があったり、みんなでバーベキューをしに行ったり、職員旅行に行ったりするなど、横のつながりを意識した取り組みを具体的に行うことは、「心理的安全性」さえ担保できていれば、非常に有効に作用してくれるでしょう。


また、「どこかの部門が優遇されていて、どこかの部門が貧乏くじを引いている」というような「心理的安全性」が担保されていない状況が続けば、働き方改革は進みません。そして、それどころか大量の退職者が出てしまう可能性さえもリアルに考えられます。

「医師の働き方改革」においても、医師からコメディカルへとタスクシフトをすべきだと考え、コメディカルに話を聞きに行った際、コメディカル自身も仕事の多さに悩んでいることを改めて強く感じました。そこで、「医師の働き方改革」をするためにはまずは「看護師の働き方改革」、「看護師の働き方改革」をするためには「病院事務職の働き方改革」をすることが大切であるとの認識を得ました。

言われてみれば当たり前のことですが、そのような視点で「院内を支えてくれている人たち」に対する想像力と会話力を持って、それぞれの職種の業務改善にチャレンジしてみたことが、振り返ってみると、結果的に「医師の働き方改革」にたどり着いていった要因であったように感じます。

医療機関において、「医療の質」を最終的に左右するのは、「人」であることに間違いありません。そして、現場の医療スタッフみんなが「心理的安全性」を感じながら常日頃から働けるということが、実際に「医師の働き方改革」を行う中で、非常に大切な「キーワード」になっているのです。

皆さんは、常日頃、どれくらいの他職種のスタッフの方たちと親しく会話していますか?

第4章

すべての病院で、「医師の働き方改革」は可能である

ここまで、われわれが行ってきた取り組みを中心にお話をしてきましたが、読者の皆さまの中には、自分の病院でも同じように「医師の働き方改革」が進めていけるだろうかと疑問や不安をお持ちの方もいらっしゃるのではないでしょうか。結論から言えば、「すべての病院で、たとえどんな地方の病院であっても、どんな業態の病院であっても『医師の働き方改革』は可能である」と、私は考えています。

この章では、そのためには「どこから『医師の働き方改革』に着手すべきか」というステップをご紹介した上で、医療機関の経営者の方々や各診療科の部長先生といった、病院内でマネジメントにも携わっていらっしゃる方々からよく寄せられる疑問や質問を念頭に置きながら、基本的な考え方や私なりの解決策をご紹介したいと思います。

地域における自院のポジショニングを認識する

本書を手に取っていただいている方々の中には、院長・理事長といった経営層の先生方や、現場第一線の診療体制を支える診療部長などの先生もいらっしゃるでしょう。そのようなポジションの方々にまず意識していただきたいのは、「自院が地域においてどのような役割を果たしているのか」をまずしっかりと客観的に再確認していただきたいということです。

「医師の働き方改革」は、もちろん「病院内の組織改革」としての色彩が強いものではありますが、最終的には「地域包括ケア」という言葉があるように、どんな医療機関にとっても「地域の患者さんを地域一体となってケアしていく」地域医療の視点が必要不可欠だと考えます。厚生労働省等で盛んに議論が行われている「二〇四〇年を見据えた社会保障の将来見通し」等も鑑みながら、「どのような患者さんを自院で診察し、どのような患者さんは他の医療機関に紹介すべきなのか」「そのために、どんな方向性・専門性を持ったスタッフを自院に確保すべきなのか」といったビジョンを、地域における自院の役割をしっかりと認識した上で考えていかなければならないのが、あらゆる医療機関が置かれている現在の状況ではないでしょうか。

地域医療構想や地域で行われる調整会議での議論も踏まえて、自院の立ち位置を明確にし、「守るべきところ」と「他院に任せてもよいところ」を明確にしていくことが、これからの時代、ますます重要になってきています。

自院の問題点を把握しよう

地域における自院のポジショニングに対する認識が定まれば、次はそれを組織体制に落とし込んでいく必要があります。ただそのときに「二〇二四年には医療機関においても例外なく、働き方改革関連法が適用される」という事実をしっかりと念頭に置き、「今のままでは二〇二四年時点と比較したときに、どこが不足しているのか」「具体的な問題点はどういったことなのか」を明確にし、現時点での組織体制が抱える課題を列挙してみることが重要だと考えます。

現時点で自院では「時間外労働について、どのくらい人数がどの程度行っているのか」「当直明けの勤務がどれくらい発生しているのか、そして、その当直明けの医師は翌日何時まで勤務を続けているのか」「九時間のインターバルが必要となった場合には、非常勤医師がどの程度必要になるのか」「自己研鑽の時間をどうするのか」など、これらをしっかりと把握し、ディスカッションして、現場の医師・医療スタッフがどのような働き方をしていけばよいのかをシミュレーションしてみてください。

こういった二〇二四年春の時点でのシミュレーションを行ってみて、自院が「二〇二四年以降もこの地域での医療機関として活躍するために、どんなビジョンのもとで、どういった立ち位置を取るべきか」について、冷静に客観的に判断していくことも大切です。この際、離職率や典型的な離職理由など、数値化できる項目に関してもきちんと把握し、「組織として持続的に成長を遂げるために解消すべきポイント」に関しても、あらかじめ洗い出しておくとよいでしょう。

そして、これらの情報を基に、しっかりと自院のビジョン・方向性を示していきます。

コーチングやチームビルディングで、現場から賛同を得よう

院内の課題を洗い出す際、自院の問題点について、「時間外労働時間数」や「当直明けの勤務時間の長さ」等といった「具体的な内容」で把握することがまずは大切です。そして、「具体的な内容」とともに、それぞれの部門で働く医療スタッフたちが「日々、どんなことを思って働いているのか」「どんなところがクリティカルに不満の種になっているのか」といった「現場の気持ち」に関しても、早い段階で掌握しておく必要があります。それができていないと、その後にいくら対応策を講じていっても、現場を巻き込むことができず、結局は企画倒れになってしまうかもしれないからです。

頭の中で「対応策」を想像しているだけでは、あらゆる臨床現場に対して、ピンポイントでマッチした「働き方改革」を遂行していくことは不可能です。本書でご紹介する1on1をはじめとするコミュニケーション手法を積極的に用いながら、**日々すべての現場に寄り添って「各臨床現場で働いている医療スタッフたちの本質的な要望」**を掌握していくことが必要となりま

す。

そのためには、院内での三六〇度フィードバックといったヒアリング調査を、プロフェショナル・コーチなどにお願いするのも一つのアイデアでしょう。実際に自院の「働き方改革」の実行者である医療スタッフたちに対するヒアリングを、専門性を持ったこのような第三者が行ってくれることにより、今までは拾い上げできていなかったような、さまざまな現場の意見を知る絶好の機会にもなるでしょう。しかも、それをレポートとしてまとめてもらったりすることで、自院に合った「医師の働き方改革」の課題がクリアになり、そのための対応策もピンポイントで、かつ現場のニーズをしっかりとつかんだ有効策として対策を講ずることができます。

院内のどこから働き方改革を進めるかを決めよう

特に、病院長や理事長などの経営層の先生方からは、「院内のどこから働き方改革を進めたらよいと思うか」と質問をいただくことがあります。「時間外労働が特に多い診療科から始めるべきか」あるいは「院内でも高い収益を上げているところから始めるべきか」など、確かに判断軸はいくつもありそうです。

ただ、私の結論から言えば、**「たとえどんな診療科であっても、そのトップにいる診療科長が「働き方改革」に興味を持ってくれている診療科から着手し始める」ことが非常に効果的である**と考えています。最終的にはもちろん働き方改革を病院内全体で推進していかなければならないわけですが、そのときに、診療科の規模としては小さくても、**まず一つ院内で「成功事例」をつくっておくことは、病院全体を巻き込む上で、また、他診療科においても非常に参考になる**と思いますし、病院としてもリスクを低く抑えて開始することができます。

「この人に任せれば、前向きに『医師の働き方改革』を実現させてくれそう」と思えるような診療科長の先生が一人くらいは頭に浮かぶのではないでしょうか。まずはそうした診療科に打診してみて、とにかく一年間、病院としても積極的にサポートする旨を説明し、「一つの診療科の中で成功事例を作っていく」ことに注力してみるのがよいと考えます。

なお、「医師の働き方改革」を始める診療科を決めた後は、経営層がその診療科長（ないし、働き方改革の現場リーダー）に対して、一定の権限を与えていくことも必要でしょう。そして早速、「医師の働き方改革」の重要性や経営者としてのビジョンについて直接話し、情報提供も確実に行い、積極的に関与してもらえる環境を整えることをお勧めします。さらに、定期的な報告の場を設けるなどして、全体的な方向性に対しては経営層と現場のリーダーがしっかり共通の認識を揃えつつ、現場が決断の場面でまごつかないように、経営層としても全面的なサポート・バックアップを惜しまないことが非常に重要なポイントと言えます。

スモールステップから始めよう

働き方改革を実際に行う診療科が決まったら、まずは小さな取り組みから始めます。「こんな診療体制にしたい」「こういったアイデアで、上手にタスクシフトを行いたい」と話す医師がいれば、まずはそれを挑戦できる環境を経営陣が全面的にお膳立てします。「もっと専門性の高い仕事をしたい」というコメディカルには、早速外部の研修会に参加してもらったり、院内カンファレンスで意見を求めてみたりするなど、「大きな組織変更を行わずに、まず低コストで低リスクなこと」から着手していくことも大切です。

われわれの場合、SU薬の投与に疑問を持っていた若手医局員たちの声を全面的にサポートし（もちろん、エビデンスや個々の患者さんの状態も踏まえ）、SU薬の投与をできる限り他の薬剤に切り替えていきました。これには、特別そのために経費がかかったわけではありません。

その他にも「医師からもっと栄養指導のオーダーをしてほしい」という栄養部からの要望を踏まえ、栄養指導依頼を積極的に実施しました。これも、病院の売上になる上、経営側に特別な投資を求めなくてもできることです。そして実際に、栄養指導の件数は五割増し以上の飛躍的な伸びを示しました。

こういった特別に経費がかからない施策が複合的に合わさって、低血糖による救急搬送の減少をはじめとする、さらにワンランク上のクオリティでの糖尿病診療を行える結果へと結びついたことは、これまでに述べた通りです。

実際に働き方改革を開始しようとすると、いろいろな利害関係が絡むような組織再編等を要することもあるでしょう。しかし、まずはそういった大鉈を振るう一大事業を敢行せずともできる、**スモールステップから始めていくのです。それによって各現場で小さな「成功体験」を積み、多くの医療スタッフたちに実感してもらうことが「医師の働き方改革」の初期段階において**は非常に重要だと思います。

小さな成果を見逃さず、承認しよう

スモールステップで何か取り組みを始めたら、経営陣はそれによる成果に常々目を向けて、日々、承認・称賛していくことを心がけましょう。

私がコーチングを勉強し始めた頃に読んだ、ある医療コーチングの本（クィント・ステューダー著、鐘江康一郎訳『エクセレント・ホスピタル――メディカルコーチングで病院が変わる』ディスカヴァー・トゥエンティワン、2011）の一節、病院長の先生が病棟回診の際、ナースステーションに立ち寄ったときに発する言葉がとても印象的でした。それは、

「今日、良かったこと、うまくいったことを教えてください。

誰か、褒めてあげるべき人（医師）はいますか？」です。

回診中に、こうやって声がけされたら、素晴らしいと思いませんか。

しかも、こういった質問・投げかけを続けることが重要で、そうすることでスタッフの関心をネガティブなものから、ポジティブなものへと切り替えてもらうという発想だそうです。


朝礼や病棟回診のときなど、経営者はついつい「今日はこれを頑張っていきましょう」とか、「昨日はこんなこと（トラブル）がありました。みなさん気をつけましょう」とか、スタッフ一同の気を引き締めるような警句を発してしまいがちです。

それももちろん大切なことなのですが、戒めの言葉は補佐役・参謀役に任せて、組織のリーダーは常に前向きな言葉をスタッフ全員に発信し続けるマインドが、今からの時代は強く求められていると考えます。なお、改革を進める過程においては、芳しい結果が得られなかったり、必ずしも成果が数値化できなかったりすることもあるかと思います。そうした際、現場を責めるのではなく、**「院内を良くしようとしている姿勢」に対するポジティブなメッセージを発信し続けることも経営層や現場のリーダーの重要な役割**です。経営層・リーダーからきちんと承

認してもらえたり、「必要な支援はないか」と気にかけてもらえたりするだけで、現場の士気は大きく上がり、前向きな気持ちでさらなる「次の一手」を企画・立案してくれるようになります。このあたりは、1on1の機会もうまく使いながら、現場第一線のスタッフたちに寄り添っていくことが大切です。

院内の他部門にも、改革を〝横展開〟していこう

院内のどこかの診療科で働き方改革によるポジティブな成果が見え始めたら、他の診療部門でも少しずつ進めていきましょう。

私が「医師の働き方改革」として院内の取り組みをご一緒させていただいている病院では、最初のミーティングのときに、看護部が以前から「業務の棚卸し」を行っていたことがわかりました。しかし、医師をはじめ他部門ではそのような取り組みは行われていませんでしたし、看護部でそのような棚卸し作業を行っていることも知られていませんでした。

「業務の棚卸し」は、一般的に大手の企業では毎年必ず行われている作業で、これにより、どの部門の誰がどんな業務を行っていて、作業負荷がどれくらい生じているのかを客観的なデータとして提示・把握し、具体的な改善策も行えることになります。

二〇二四年春までに、この「業務の棚卸し」と各医局員の週間スケジュールを作成し、具体的にどこに問題点があるのか、非常勤の医師をどこに組み込めばクリアしていけるのかなど、スタッフ全員が目に見える形で客観的に考えていくことが大切です（第2章参照）。

また、この「業務の棚卸し」作業を行う場合は、「副業」として他病院へのアルバイト当直やアルバイト外来について、そして専門医取得のための学会発表のための臨床研究のデータ管理やスライドづくりといった「自己研鑽」の時間も、あらかじめこの中に含めておきましょう。後々、各医局員が課題を発見したり時間の使い方を考えたりする上で大切な参考材料となります。

人がいないと、働き方改革はできない？

ここからは、医療機関の経営層の方々によくいただく疑問をもとに、私なりの考え方をご紹介したいと思います。

特に時間外労働を減らそうとすると、その分の負担を誰かに転嫁しなければなりませんから、当然ながら今まで以上に医療スタッフを増やす必要があるでしょう。そう考えると、「増員できる体力のある医療機関でないと働き方改革はできない」と考えてしまうのも当然かもしれません。

ただ、これまでのわれわれの取り組みを例に挙げれば、「人を増やさなくても行うことのできる改革は少なからずある」とご理解いただけると思います。

治療方針の最適化や地域医療機関への逆紹介の推進などに関しては、医局員を一人も増やさなくてもできたことです。不必要な救急搬送の数が減少したことで、ダイレクトに医局員たちの業務負荷、特に時間外の勤務時間を減らすことにつながっていきました。

一連の取り組みの中で増やした人数は、非医療職のパート一名だけで、医局関連の書類整理や単純なデータ入力等の作業を行ってもらう、いわば医局秘書のような役割の方でした。時給一〇〇〇円程度で、週に二～三日、一回四～五時間程度勤務していただきました。

このような作業を医師や看護師などの高時給の医療職が年間を通して何十～何百時間もの時間を費やして行っている医療機関は少なくないと思います。これこそ、医師や看護師といったエキスパート職の生産性を引き下げている大きな要因ですし、実際にこの単純作業に病院経営者たちは毎年莫大な金額を支払っているのです。財政逼迫している医療業界の中で、これほど非効率で非生産的、そして患者さんのためにつながらないことは他にないのではないでしょうか。

私も、専属産業医等で働くようになってから、このあたりのコスト意識、時間意識はかなり高まりました。一般企業からは、医療のエキスパートにはその専門性を活かした高パフォーマンスを求められます。非医療職ができる業務を医療職が行っていたのでは、企業側からすれば何のために高い給料を払って医師を雇用しているのかわからなくなってしまいます。

やはり、一般企業の中で産業医は唯一の医療職であることも多く、他の社員にはできないようなパフォーマンスを期待される存在です。ですので、その医師に医師が行う必要がない業務をさせることに対する抵抗感やコスト意識は、医療機関と比べてかなり強く、非常にタスクシフトがしやすい環境にあると言えます。

そういった、**医師が本来すべき「医師だけしかできない医療業務」にきちんと専念できる体制を整えていく**という認識が、多くの医療機関にはまだまだ足りていません。

そして忘れてはならないのは、これらのタスクシフトの取り組みを通じて業務負荷を軽減していったことで、結果的に「静岡病院で働きたい」という順天堂大学本院の医局員の人数が増えていったことです。加えて、静岡病院で研修していた救急医療に興味を持っていた研修医たちも、われわれの診療科での研修を希望し、今や毎月一～二名が常に研修を行ってくれるようになっています。

つまり、「増員してから働き方改革を行う」のではなく、**「増員しなくてもできる改革を着実に実行していけば、その後自然と人も集まってくる」**という状況づくりが大切なのです。

ですから、まずは今の人員でできることから着実に業務改善を始めてみることです。そして、地方であっても、主力の診療科でなくても、今日の日本が抱える医療の問題点を解決していくにあたり、今いる病院や診療科で、その問題にきちんと向き合った取り組みから始めていくという、正攻法で進めていくことが思った以上に大事であると考えます。

当然人員が増えていけば、マンパワーを要するような「働き方改革」も行えるようになり、好循環で勤務環境はさらに改善していくでしょう。しかし、そうした段階へ進んでいくためにも、**スモールステップの段階で、まずは自分たちが着手できる範囲から、自分たちが必要だと思う改善案にとにかく着手してみることです。**そのファーストステップは、どんなものでも構わないと思います。

そして、少しでも**改善したことがあれば、経営陣はそれを見逃さずにきちんと「承認」するようにします。同時に病院内でその成功事例をすかさずシェアします。**院内のスタッフ全員が共有することによって、さらに新しいアイデアが生まれたり、その成功事例に触発されて他部門でも同様の「改善」が行われていったりするなど、じわじわと「改革」が波及し、病院中に広がっていくことが期待できます。

そして、こういった業務改善を行っていく中に「隠し味」として、各診療科の高度な医療レベルを入れ込んでいくと真の「医師の働き方改革」が成功していくのではないのかと私自身は感じています。

それは、先生方が普段から実臨床の現場の中で感じておられている医療のエッセンスが必ずあると思うからです。そのエッセンスを病院内の業務改善に落とし込むことで、結果的に自分たちの病院や地域にマッチしたオーダーメイドな「医師の働き方改革」になっていくと考えます。われわれが行った「ＳＵ薬からの切り替え」といったような、各診療科の先生方の日頃の実臨床から得られている「医師の勘」が、「医師の働き方改革」にも必ずやうまく作用してくれることでしょう。

患者さんの理解を得ないと、改革は実現できない？

今の日本の医療の現状として、とにかく診療を求めてやってくる患者さんを、たとえ時間外であったとしても拒みにくい文化が医療界の中には強く存在します。こうした現状が、医療現場の勤務環境に大きな影響を及ぼしているのも明らかです。

ただ、われわれが取り組みを行っていく上で感じたのは、「医療機関における患者教育にも、まだまだ可能性が残されている」ということでした。

低血糖で救急搬送されてくるような患者さんの場合、対症療法的な低血糖改善だけの医療処置を施して流れ作業のように地域に戻すだけでなく、たとえばその入院中に食事指導や、支援入院の患者さんと一緒に糖尿病についての講義を聴くなどの機会も活用しながら、その人の生活様式において、本質的には何が問題なのかを一緒に考えていくことも非常に大切です。

世の中に「救急搬送されたい」と思っている患者さんやご家族などいませんから、その患者さんたち自身に、自分自身の体調について問題点を認識してもらい、可能な限り行動変容をしてもらうのです。入院は一つの貴重な機会と考え有効活用して、それぞれの患者さんの糖尿病に対するリテラシーが高めてもらう場にすれば、もう二度と救急車で来院されてくることはなくなるはずです。

これにより、今まで以上に自分たちの病院が地域の方々からの信頼を得るようになり、初診外来への受診者数の増加につながっていく可能性が開けていきます。

実際に、静岡病院の糖尿病内科では、この「医師の働き方改革」の取り組み以降、現在でも地域の開業医等の先生方からの紹介患者数が増え続けており、それに伴い売り上げ自体も上がってきています。

このような患者さんに対するヘルス・リテラシーに注目した、包括的な治療法については、もちろん糖尿病内科に限らず他の診療科にも当てはまると言えます。

たとえば循環器内科においては、心筋梗塞の患者さんへのカテーテル治療を、二〜三日の入院で行うことがよくあると思います。ただ、循環器内科の先生方のカテーテル治療があまりにも鮮やかで、年々侵襲性が軽減され、心臓の治療を行ったにもかかわらず、患者さん自身があまり事の重要性を認識しないまま退院してしまっている方も多いように感じます。

日本において、入院在院日数の削減競争のような状態になっている中、こういった患者さんに対する減塩を含めた栄養指導すら行われずに退院させてしまうことも少なくありません。

すると、カテーテル治療で入院した後でも、病識がないままに、また好きなものを好きなだけ食べてしまい、どんどん治療難治症例になっていってしまうことが少なからず見受けられます。挙げ句の果てには、冠動脈のバイパス手術が必要になったり、さらには手の施しようがないような心不全状態まで悪化していってしまったりする患者さんもおられます。そうすると、医療現場も疲弊していってしまいますし、患者本人もその家族もみんな疲弊していってしまう事態につながりかねません。

こういった診療の矛盾に、私は大学病院在任中、何度も疑問を感じていました。急性期医療の現場で鮮やかに治療を行い救命することは、非常に大切なことです。しかし、それに加えて、このような生活習慣病が原因の疾患に関しては、コメディカルスタッフを有効に活用しながら、本質的な患者教育を行う機会をきちんと設け、病院全体として患者さんの行動変容を促し、再発予防のサポーターも同時に行っていくことが、地域医療を支える拠点病院においての責務として、今後はより強く求められていくのではないでしょうか。

また、予防医療から救急医療まで、包括的に医療支援してくれる医療機関であれば、地域の方々もより安心して通院を継続されることになると思いますし、それはその地域で長く安心して暮らし続けることができるといったことにもつながっていきます。地域の拠点病院が今まで以上に住民の方々に寄り添うことで、「消滅可能性都市」や「限界集落」といった地方衰退を救っていく、大きな役割をも果たしていくと考えられます。

ちなみに、厚生労働省も提唱している「地域医療構想」にもあるように、各々の地域での診療実績等を分析しながら、生活習慣病と関連のない急性期疾患や外傷に関しても、地域の医療機関同士が連携して救急当直のローテーションを組んだりするなど、院外のステークホルダーとなる医療機関等と協力することができれば、各医療現場の負荷軽減や、地域での診療レベルの底上げに大きく貢献するのではないかと考えられています。[10]

山形県においては、自治体病院同士が合併すること等によって、それぞれの診療体制を生かした運営を行っているケースもあります。[11]

現場の医師一人ひとりが応召義務に迫られ、個々人が疲弊していくのではなく、地域の医療機関がお互いに協力して、不足している診療科の医師同士が連携することにより、「地域全体として、地域医療の診療レベルを下げることなく、『医師の働き方改革』も敢行していく」ようなシステムを構築していく姿勢は、他の地域においても示唆の大きなことだと感じます。地

10 https://www.mhlw.go.jp/stf/shingi/other-isei_368422.html
11 https://nihonkai-healthcare.net/outline.html#p3

域包括ケアが求められ始めてから久しく、地域医療構想に基づいた医療機関の医療機能の再定義が行われている現状の中、各地で行われている調整会議の中で、お互いの医療機関の勤務環境にまでしっかりと配慮を凝らした連携が取られていけば、どんな地域であっても「医師の働き方改革」へと加速していくと考えられます。

また最近、産業医としてさまざまな企業の安全衛生委員会等に出席する際に、「医師の働き方改革」について講話をしたりすることも始めました。もちろん、世の中のほとんどの方は「お医者さんはいつも忙しそうに働いているようだ」という認識を持っておられます。しかし、実際にどれくらい働いているのか具体的にイメージすることはできません。

そこで、医師の残業時間が年間千～二千時間超であるといったお話をすると、一様にビックリされます。企業の衛生委員会では、時間外勤務は年間七百六十時間を決して超えないようにしましょうなどと言われているのに、医師はその倍以上である二千時間を超過しているわけですから、その数字のあまりの違いに驚きを隠せない様子です。

現在の医師や医療の大変厳しい実状が世の中に知られていないのであれば、われわれ医療従事者が自ら発信し、知ってもらうことで、安易な時間外のコンビニ受診などを避けてもらえる余地があるかもしれません。こういった「医師の働き方改革」について、患者さんたちや一般の方々に広く知ってもらうことも、非常に大切な「ヘルス・リテラシー」だと思います。

これまでは、救急車をたくさん受け入れればそれだけ売上につながっていくという考え方が、少なからずあったかもしれません。しかし、それは多くの医師や医療スタッフの献身と莫大な時間外労働があったからこそ成立し得たことなのです。

今後、日本中で劇的に残業が減少していくと予測されるなか、医療者だけに莫大な時間外勤務を押しつけ続けることは、受け入れられない時代になっていくでしょう。そして、その変化に対応できない医療機関は、残念ながら多くの若い働き盛りの医師や看護師・医療スタッフから見放されていってしまい、人が集まらなくなり、病院経営が立ち行かなくなっていくという運命をたどります。これからは、そういった医療職の確保の差が、年々確実に広がっていくことでしょう。

かつて病院内や医局内でもタバコが喫えていたものが、今では一切喫うことができなくなった「禁煙対策」と同じように、残業が当たり前な医師の働き方も驚くほど速やかに過去のものになっていくことと認識しておくべきです。

かつては医療業界と同様に「不夜城」と化していたＩＴ業界や金融業界でも、すでに残業は過去のものとなりつつあります。この時代のスピードに乗り遅れないことが、病院経営を続けていく上でも、地域の医療を守り続ける上でも、欠かせないポイントとなるのではないでしょうか。

第5章

コーチングとは

ここからは、私が実際に医局員や医療スタッフに対して活用していた「コーチング」についてご説明します。あらかじめ申し上げると、コーチングに関してはさまざまな流派があるため、本書にて私が紹介する内容が唯一無二のものではないことを、お含みおきいただければ幸いです。

コーチングの歴史について

まず「コーチ」という言葉はどこから来ているのでしょうか。十五世紀ごろの西洋ではコーチという言葉が「馬車」を意味する言葉として用いられていました。「今いる場所から、目的地まで運んでくれる乗りもの」をコーチと呼んだわけです。

そこから、「目的地まで、相手が到達できるように支援をする」という意味合いでコーチングという言葉が使われるようになっていきました。

コーチという言葉を聞いて多くの方が思い浮かべるのは、スポーツの「コーチ」ではないでしょうか。

原義の通り、コミュニケーション手法としての「コーチング」が意味するのは、「目的地まで、相手が到達できるように支援をする」こと。この手法を広める大きなきっかけとなった人物として、ティモシー・ガルウェイ（W. Timothy Gallwey）というアメリカのテニスコーチが知られており、彼の著書『*The Inner Game of Tennis*』（1974年）が、今日のコーチングの転換点となっていると言われています。

著書の中でガルウェイは、「テニスの対戦相手は二人いる」と言っています。「対戦相手の一人」は当然ながら反対側のコートにいる選手のことを指していますが、「もう一人の対戦相手は自分自身である」というのがガルウェイの主張でした。

選手が自身をいかに良い状態に保てるか。それによってプレーのクオリティが大きく変わり、勝敗に影響するとよく理解していたガルウェイは、テニススキル向上の指導をするだけではなく、選手が自信に満ちあふれた状態で試合に臨めるよう、コミュニケーションに工夫を凝らしました。選手自身が不安になって委縮してしまったりしないように導いていく。それもテニスコーチの大きな役割であり、そのアプローチが、現在のコーチングにも多大な影響を及ぼしているのです。

このように、スポーツから始まったコーチングの概念が、一九九〇年代にかけて欧米のビジネス界にも積極的に応用されていき、日本でも一九九〇年代から二〇〇〇年代にかけてビジネス分野でのコーチングが盛んになりました。

経営環境の変化が早く激しい時代になり、社員それぞれが能力を発揮し、自立して能動的に仕事に取り組むことが求められるようになりました。そうするためには、上位下達の一方的なコミュニケーションではなく、その人の良さや能力を引き出し支援するコミュニケーションが必要になったというわけです。

現在では、大企業の管理職の共通言語となってきており、また、ビジネスシーンだけでなく、教育現場や、医療現場の領域などの人材マネジメントにおいても応用が進んでいます。

コーチングと、ほかのコミュニケーション手法の違い

コーチングと混同しやすい概念として、「ティーチング」「コンサルティング」「カウンセリング」といった言葉が挙げられます。まず、「ティーチング」「コンサルティング」との違いですが、コーチングの一番の特徴は、本章冒頭でも紹介した通り、「コーチングを受ける人（クライアント）が〝目的〟に到達するための支援をしていくこと」です。こちら主導で考えを教えたり、示唆を与えたりしようとするのではなく、あくまでも相手本位でコミュニケーションをとっていくことが、これらの概念との相違点だと言えるでしょう。

コーチとクライアントの間で会話を重ねていくことで、本人の内発性が刺激され、クライア

ント自身が自分自身を「望ましい状態」に持っていく。そのためには、クライアント自身が「自分の望ましい状態が何なのか」に気づくことが大切なポイントになります。しかし当然ながら、すべてのクライアントが自分の「望ましい状態」を言語化できているわけではないのが実際のところであり、だからこそコーチが「クライアント自身から答えを引き出す」サポートを行うことが重要になってきます。

同じように「クライアントから答えを引き出すこと」に重点を置いた方法として「カウンセリング」があります。では、コーチングとカウンセリングの違いは何でしょうか。一般的に言うと、コーチングが「今の状態からよりよい状態に一歩進めるための支援」なのに対し、「カウンセリング」は、通常の状態より不調な人を、本来の通常の状態へ戻すこと。これが両者の大きな違いだと言われています。

以上を踏まえ、改めてコーチングについてまとめると、コーチングとは「未来志向」であり、インタラクティブなコミュニケーションを通じて、クライアントが持っている「答え」を引き出すことが求められるものです。

そうは言っても、いざ実際にコーチングを行ってみると、相手にコミュニケーションの主導権を委ねることができず、つい「ティーチング」的になってしまったり、相手の状況に対する答えを早々と提案してしまう「コンサルティング」的なコミュニケーションになったりしがちです。最初のうちは慣れないかもしれませんが、漫然と「話を聞こう」「相手を前向きにしよう」と思うのではなく、ご自身のアプローチがコーチング以外のアプローチに寄ってしまっていないかなど、その都度意識しながら実践してみることで、徐々に感覚がつかめるようになると思います。

私自身も、コーチングを始めた時期は、自分の心の中で混乱が生じました。しかし、上記のように、「どういう言葉をかければよかったか」を都度反省しながら試行錯誤を繰り返し、まさに「徐々にコーチングの手法の感覚がつかめる」ようになっていきました。

また、一旦その感覚がつかめると、時と場合によって、適正なアプローチ手法を使い分けられるようになっていきます。たとえば、知識や経験が乏しくローテーションしてきたばかりの研修医に対しては、コーチングではなくティーチングを多く用いることが有効でしょう。一方で、ある程度習熟度の高いドクターに対しては、コーチング的なアプローチで本人自身が気づきを得て成長していくというようなプロセスを増やしていくことが有効だと考えられます。CTやエコーといった「目に見える医療機器」と同様、医師や医療スタッフにとって、コミュニケーション・スキルは、**「目には見えない」**けれども、**「有益な医療機器」**なのです。

【図表8】GROWモデル

G	Goal	目標の明確化
R	Reality	現状の把握
	Resource	資源の発見
O	Options	選択肢の創造
W	Will	目標達成の意思

コーチングを進めるための「GROW（グロウ）モデル」

さて、ここからは実際にコーチングをご自身の病院内で実施するにあたって、大事なポイントについて触れておきたいと思います。

まずは、「GROW（グロウ）モデル」という考え方を説明しましょう。これは、Goal（目標の明確化）、Reality（現状の把握）、Resource（資源の発見）、Options（選択肢の創造）、Will（目標達成の意思）の五ワードの頭文字をとって名づけられたもので、この五つの要素をおさえた働きかけを行うことで、クライアントに対して「望ましい状態に向かって何をしていくとよいか」を考えてもらうことができます。

では、それぞれのワードについて、簡単に解説してみましょう（**図表8**）。

①Goal（目標設定）

前述の通り、コーチングは「クライアントを、本人の望ましい状態に導いていくもの」です。そうは言っても、クライアント自身が「自身の望ましい状態」を自覚できていないというシチュエーションが往々にして存在します。このため、まずはこの「Goal」を明確に設定していくことが最も大切なポイントとなります。

②Reality（現実把握）

Realityというのは、「現状の自分がどうなのか」という現実に対する評価です。言うなれば、理想のGoalに対して、現在の自分がどの程度の到達ポイントにいるのかを認識してもらうことです。

③Resource（資源発見）

自分の現状（Reality）を認識し、Goalに向かうための必要条件を把握することで、クライアントはその「ギャップ」を埋めるための方法を考えられる状態になっていきます。そこで意識すべきなのが「Resource」です。つまり、望ましい姿に自分を近づけるために「使える資源（Resource）」に視点を向けます。ヒト・モノ・カネや情報から、過去の経験や時間など、あらゆるものが資源となり得ます。自分自身が使用できる資源とは何か。それをしっかり考えていくことで、クライアントはGoalに近づくための方法を具体的に考えられるようになります。

④Options（選択肢）

Resourceをしっかりと精査し、自分の周囲にある資源を見渡し、環境を客観的に把握できたら、次に取るべき選択肢（Options）を検討していきます。Goalに向かっていくために、どんな方法を組み合わせていくのが効果的なのかを考えます。

その過程は、旅の行き先や移動手段を決めるときのアプローチとも似ています。たとえば東京から大阪に行きたいと思ったとします。リソースとしてはお金や時間も必要ですが、飛行機や新幹線や車など、どのような選択肢を選ぶのかによっても、必要とするリソースのバランスは変わってきます。

クライアントが自身の優先順位に則って、どのような選択を取るべきかを判断できるように支援することが、この段階では重要となります。

⑤Will（意思）

最後にWillについてです。自分が取るべき選択肢が定まり、Goalまでの道筋が何となく整ったとしても、強い意思を持ってそれを実行しなければ、描いたプランは絵に描いた餅になってしまいます。Goalに到達したい気持ちが十分なのかどうか改めて問いかけ、やる気が充実していれば、クライアント自身の推進力は大きく強まります。そういった視点で、クライアントが確実にGoalにたどり着けるよう、根気強く向き合うことが非常に重要です。

GROWモデルの具体的イメージ

GROWモデルはコーチングを行う上で非常に重要です。以下に、クライアントとのやりとりについて簡単な例を挙げて、具体的なイメージをお伝えしておきたいと思います。

病棟回診終了後に、診療科長のA先生と面談をしている医局から派遣されてきた女性医師のB先生の様子です。

A：本当は実現できればと思っているけれども、なかなか実現できていないことはありますか?
B：実は、学会発表ができていないんです。
A：どうして学会発表したいのですか?
B：専門医の資格を取るために、発表することが必須なんです。ただいろいろあって、医局にいても未だに発表できないまま、この病院に派遣で来ることになって……。子供を産む前に発表を終わらせておきたいんです。

この時点で、「子どもを産む前に学会発表したい」という、GROWモデルで言う「Goal」が定まったことになります。

A：では、医局では、発表するための具体的な臨床研究の内容は、何か決まっているのですか？

B：残念ながら、未だに具体的な研究内容も決まっていないんです。

これで、Realityがわかったことになります。「学会発表したい」という目標があるのに対し、「未だに何も決まっていない」というギャップの大きさが見えてきたわけです。ではここから、Resourceを探してみましょう。

A：学会発表するために必要だと思うものはありますか？

B：やはり、仰る通り、まずは具体的な研究内容を決めていくことが先決だと思います。それから、症例集めも必要となってきます。あとは倫理委員会も通さないとダメですし……。

このように、いろいろなリソースを出していくことも大切です。

次に、Optionsです。

A：どんな内容なら、取り組めそうですか。

B：そうですね。今月、ちょうど新しく承認された超速攻型インスリンの改良薬が院内採用となりました。この病院は市中病院ですから、糖尿病の患者さんもたくさんおられます。ですので、入院中でインスリン注射をされている患者さんに、この新しい改良薬への変更を行って、血糖値等の臨床データを取ってみることはできると思います。

A：食後の血糖値の変化をみたい？

B：そうですね。入院中ですので、持続で血糖をモニタリングすることもできますよね。

このようにして、ResourceやOptionsが出そろってきたわけです。

A：では、実際にどのようにやっていきましょうか。

B：そうですね、まずは今の考えをきちんとまとめて、研究計画書を作成してみます。A先生に確認をとって、OKが出たら、患者さんへの同意書作成や、倫理委員会に提出する書類を作り始めます。

A：血糖モニタリングや、患者さんに同意書にサインしてもらうことなど、糖尿病療養指導士の病棟看護師さんや病棟薬剤師さんに手伝ってもらうとスムーズですね。

B：そうですね。手伝ってもらえないか、彼女たちに聞いてみます。

A：僕からも、手伝ってもらうように頼んでおきますよ。昨年まで倫理委員会の仕事もしていましたから、その書類づくりのコツも、後ほどアドバイスしましょう。

B：本当ですか。有り難うございます。自分が具体的に何をしていけばよいかのイメージもできてきましたし、やっていけるような気がします。来年の学会発表が楽しみです。

A：来年は京都ですからね。それでは、まずは一週間後に研究計画書の草案を作って、経過報告してください。

B：はい、わかりました。この病院に来て本当に良かったです。何とか頑張りますので、どうぞよろしくお願いします。

実際にここまできれいに話が進んでいくかはわかりませんが、こうやってコーチングの手法を用いると、B先生自身の「Will」も十分に持っていることがうかがえます。その後も、臨床研究が順調に進んでいくように定期的に1on1なども交えながら、適宜コーチングを行っていくことが大切です。

なお、一連のGROWモデルにおいて最も大事なのは、「まずGoalを決めること」です。目標が明確でない場合は、質問を積み重ねて、Goalを一緒に考えていくことが重要なポイントとなっていきます。

コーチングを行うときの基本姿勢

続けて、コーチングをする際のスタンスのあり方についてもお話ししたいと思います。先ほど例示した通り、コーチングにおいては対話のやりとりを通じてクライアントを望ましい状態に導いていくことが大切です。そのためには、「信頼関係」が結ばれていることが大前提となります。コーチとクライアントの双方が「信頼」していないと、なかなかよい対話にはなりませんし、クライアント側も当然「支援してもらいたい」とは思えません。ここでは具体的に、どのような方法を通じて信頼関係を築いていけばよいのかについても簡単にお伝えしたいと思います。

①クライアントを一人の人間として尊重し、「承認」する

とても重要で、かつ大変基本的なことですが、まずはコーチ自身が、クライアントのことを一個人として尊重し、認めてあげる（承認する）こと。これが何よりも大切です。

その人が今まで何十年と生きてきた人生においては、もちろんさまざまなことがあり、その経験が現在の本人を作っているのだと、一個人として尊重すること。すなわち、「**クライアントの存在そのものを承認すること**」が大前提となります。

人が最も辛いのは、「自分の存在を認められていない」ときです。たとえば、無視することがパワハラに相当するのはこのためです。

一方、肯定的に自分の存在や価値を認められていると、それは自己実現のための大きなモチベーションとなり得ます。具体的には、褒める、励ます、勇気づける、任せる、微笑む、挨拶する、名前を呼ぶ、目を見る、うなずくといった行為で示すことです。こう書くと当たり前のように思えますが、普段の生活や仕事において、どれほど実践できているでしょうか。

コーチとしてクライアントと向き合うとき、先に挙げた行動をしっかりと意識することがとても重要です。そしてわれわれが思っている以上の効果が認められるのが、この「承認する」行為なのです。

一方で、「褒める」だけが「承認する」に当てはまるわけではありません。これも大切なポイントです。[12]

②心理的安全性

個人としてクライアントを尊重した上で大切にしたいキーワードが「心理的安全性」です。つまり、「この人には、何を話しても大丈夫だ」とクライアントが思えるような関係性を作っ

12　伊藤守・鈴木義幸・金井壽宏著『コーチング・リーダーシップ』ダイヤモンド社参照

ておくことと言えます。最近、米国IT大手のGoogle社のピープルアナリティクスチームが「効果的なチームの条件とは何か」という問いからリサーチプロジェクトを開始して、「優れた上司の条件」として挙げられている項目の一つとして「心理的安全性」という言葉が出てきており、最近注目を集めるようになりました。[13]

具体的には、きちんと守秘義務が守られていること、上司から部下に行う際に「これは人事評価には影響しない」「人格的な否定はされない」ことを明確にしておくことが極めて重要ポイントとなります。クライアントとコーチが自由に対話を繰り返す過程で、クライアントの中にある答えを引き出すのがコーチングですから、クライアント側が話せる内容に制限をかけてしまうと、コミュニケーションをスムーズにとれません。

コーチとしてクライアントの話を聴く中で「それは違う」などと思う場面があったとしても、相手に対する評価や自分の意見は一旦置いておきましょう。コーチングを行っている時間は「クライアントのための時間」ですので、相手の言葉を引き出すことに意識を向け、フラットな姿勢で耳を傾けることが肝要です。

コーチングはあくまでクライアントのためのものです。「コーチが偉いというわけではない」という意識を持って臨む必要があるでしょう。コーチは支援者であるけれども、クライアントとの間に上下関係があるわけではありません。クライアントが目標に向かって進んでいくための共同作業をしているのだという姿勢で、対話を重ねていきましょう。

コーチングのポイントは「傾聴（聴く）」と「質問」と「フィードバック（伝える）」

コーチングによる対話の構成は大きく「傾聴」と「質問」と「フィードバック」という大きく三要素から成り立っています。これら三要素をぐるぐると繰り返すことによって、クライアントの潜在的な考えや感情を引き出すことができるようになっていきます。コーチ役に求められているのは、そのサポートです。各要素におけるポイントについて、簡単にご紹介していきましょう（**図表９**）。

「傾聴する」

単に「話を聴く」というと、簡単なことのように思われますが、意識

13　https://rework.withgoogle.com/jp/guides/understanding-team-effectiveness/steps/identify-dynamics-of-effective-teams/

【図表９】コーチングのコアスキル

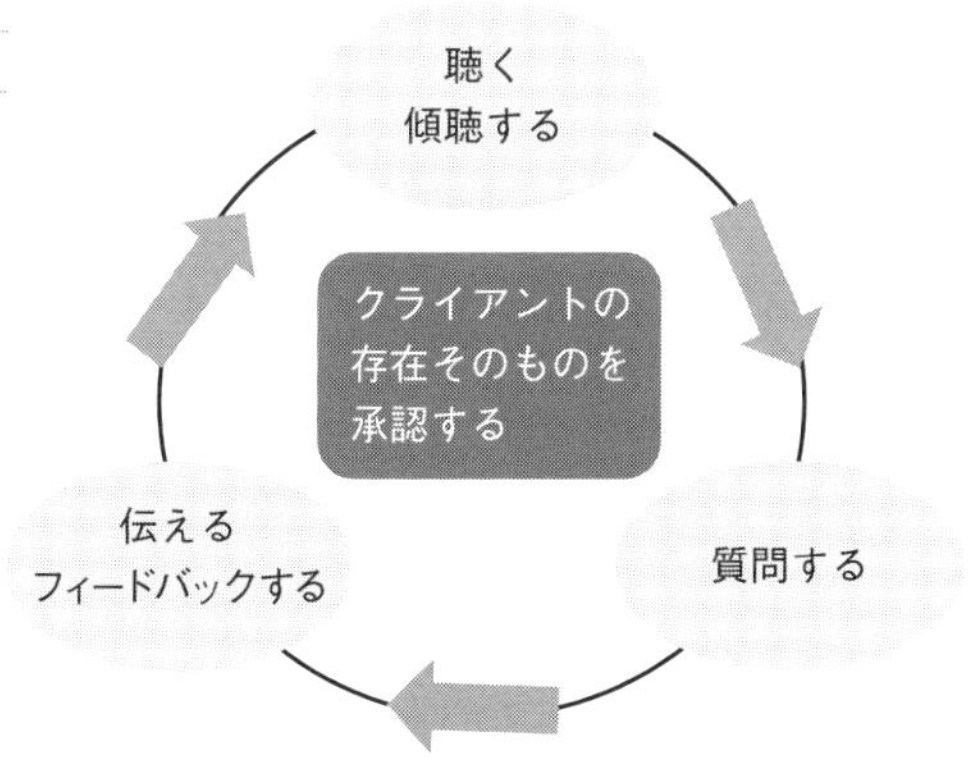

出所：筆者作成

的にこれを行うことは案外難しいものです。通常、私たちは、人の話を聞きながら相手の言うことを先読みして「その考えには賛成・反対だ」と判断をしようとしたり、「でも、こんな考え方もあるのではないか」などと思考を巡らせたりしています。つまり、人の話を聞きながらつい自分自身と対話してしまいがちなのですが、コーチングにおいては、**ニュートラルな状態で「聴くことに集中する」ことが必要**で、日常的に気楽に「相手の話を聞く」のとは、かなり異なる態度が求められるのです。

「傾聴する」ために重要なポイントの一つとして、「ペーシング（pacing）」というものがあります。

これは言葉の通り、クライアントが話しやすいよう、「クライアントのペースに合わせながら話を聴くこと」。そのための方法として、「非言語的なペーシング」と「言語的なペーシング」などが知られています。

「非言語的なペーシング」というのは、端的に言えばうなずきや、聴くときの姿勢、呼吸のリズムなどを相手に合わせるということです。これによってクライアントはリラックスして、話がしやすくなります。

一方の「言語的なペーシング」の代表例は、相づちやオウム返しです。無言のままの相手に、一方的に話を続けるのは辛いものですが、「そうなんですね」「こういうことなんですね」と相づちを打ってもらえることで、「自分の話を受け止めてもらっている」という印象を抱くようになります。さらに、「つまり、あなたが言いたいのはこういうことなんですね」とコーチが要約してくれることで、「この人は本当に話を聴いてくれている」と強い安心感を覚えます。そういった積み重ねが、先ほど挙げた「心理的安全性」や「信頼感」を醸成していくことになっていきます。

無意識に話した内容をコーチがオウム返しや要約をしてくれることにより、改めて自分の言葉を客観的に聴き直すことができ、自分自身の潜在的な考えをまとめていくことにもつながります。

「質問する」

質問の投げ方によって、クライアントの話の方向性が大きく左右されるのは言うまでもありません。特にコーチングの場合、質問を投げかけるときに大切なのは、「空白をつくること」だと言われています。

たとえば、コーチングにおける代表的な質問として、「もし、何の制限もないとしたら何がやりたいですか？」というものがあります。普段さまざまな条件の下で身動きがとりづらくなっているクライアントとしては、「そんなことを考えたことはなかった」と一瞬思考が空白になります。しかし、その瞬間から「自分は本質的には何がやりたいのだろう」と考え始めることができるのです。

加えて、自分に対して問いを繰り返していく中で、本来やりたかったことや、好きなことに改めて気づくことができたりもします。単に「普段考えていることを聞く」だけではなく、クライアント自身が、自分の深層心理を探りに入って、普段の本人としては思いもよらなかったような答えを自ら導き出す。そんな効果が「質問」にはあるのです。

私もコーチングを習っていたときに、「もしもの仮定として、医局運営について何の制約もないとしたら、何がしたいですか？」といったかなり広がりのある質問を突然投げかけられたこともありました。こういった質問に、脇汗をかきながら自分なりに必死で考えてみるうちにて、ハタと気づいたことが何度かあります。

「制約がないとしたら……」といったシチュエーションに実際になることは、もちろんそう簡単にあるものではありません。

「制約がないとしたら……」「医局員を増やしてほしい」とは思いましたが、もちろんそうすることはできませんでした。ただ、「もし医局員が増えたとしたら」と考え直した場合、一人増員になった医局員には、患者さんへの講義や頸動脈超音波検査をしてもらえると助かるなと思いました。

そう考えると、患者さんへの講義は、「薬物療法」であれば薬剤師さんに、「検査」についてであれば臨床検査技師さんに行ってもらうことが可能だと思い直しました。そこで「薬物療法」については病棟薬剤師さんに行ってもらうことにしました。そして、スライディングスケールを簡潔にする。「検査」の講義と頸動脈超音波検査については、医局でパートの臨床検査技師を雇うこととしました。広告を出す際に、「週一回でもＯＫ」としたところ、思った以上に反響があり、ママさん臨床検査技師さんなどからの応募もあり、地方でも無理なく人材を見つけることができました。

また、院内の医療安全委員会にて、インスリン注射関連のインシデント数を減らすように看護部と連携してプロジェクトを立ち上げることになったときに、病院長から「とにかくしっかりとインシデント数を減らすために、思い切った対策案となっても構わない」と言っていただけました。これは、まさしく「制約がないとしたら……」といったシチュエーションになったわけです。

このため、結果的に病院中のインスリン・スライディングスケールは四種類のみとし、糖尿病内科以外の診療科の先生が使用できるのは「定期うち」のインスリン伝票と、当科が指定した定型の「インスリン・スライディングスケール」伝票のみ。「主食量スケール」と「定期うち＋血糖スケール」の二種類の伝票については当科のみしか使えないようにさせてもらいました。

このように、時には通常の枠を外した「理想」の状態をイメージすることによって、その理想に近づけるための選択肢を具体的に考えられるようになるのです。

とはいえ、こういった「スケールの大きい質問」をはじめから投げかけることは、ちょっとイメージすることが難しいと感じられるかもしれません。そこで、もう少しスケールを小さくして、堅実にイメージしていけるように、コーチングで最も代表的な質問の投げかけ方についてご紹介します。それは、「クローズドクエスチョン」と「オープンクエスチョン」と言われるものです。

クローズドクエスチョンとは、「はい／いいえ」でシンプルに答えられる質問のことです。「もうお昼ご飯は食べましたか？」といった内容のものが、これに当たります。思考投入をあまり必要とせず、単に事実を伝えればよい分、クライアント側も即座に答えられるので、会話が活発化しやすいという効果が期待できます。

これに対し「オープンクエスチョン」は、「はい／いいえ」では答えられない形式の質問のことです。「ランチには、どんなものが食べたいですか？」といった質問がこれにあたります。クローズドクエスチョンに比べると、答えるためにしっかりと考えることが必要となりますが、回答内容にはクライアント自身の個性が出やすく、**クライアントの考えを引き出すには必要不可欠な質問**と言えるでしょう。

この他にも、質問内容が「過去に関するものか」「未来に関するものか」によって、回答のしやすさは大きく異なってきます。過去に関するものは「すでに事実としてある」わけですから答えやすいのに対し、未来に関する事柄は不確実性も高いですし、自分自身の希望や意思も包含して回答しなければならないため、即座に答えづらいものであるでしょう。

GROWモデルに則ってコーチングを進める過程においても、クローズドクエスチョンとオープンクエスチョン、あるいは「過去に関する質問」と「未来に関する質問」等をうまく組み合わせながら、活発な対話を重ねていくことが重要と言えます。

たとえば、Goalを探りたいときに、いきなり「将来どんな姿であることが望ましいですか」と、未来に関する質問をオープンクエスチョン形式で聞かれても、クライアントとしては不意打ちすぎてうまく答えられないかもしれません。相手が答えやすいように、「なぜこの職業を選んだのですか？」とまずは過去に関する質問を投げかけてから、「これからどんな風にキャリアを歩みたいですか？」と未来志向の質問につなげていくとよいでしょう。あるいは、「ご両親も医師なのですか？」といった具合にクローズドクエスチョンで過去を掘り下げてみてから、未来に関する考えを引き出していくのもよいでしょう。

なお、以下に私がよく医局員に投げかけていた質問の例を挙げます。読者の皆様もぜひ職場でお試しください。

①オープンクエスチョン中心の例

Q．インスリン治療を拒絶している2型糖尿病のおばあちゃんに、先生は退院に向けて、どのようなプランを立ててあげると良いと考えていますか？

― 確かに、自己注射を行うことは一人では難しいかもしれません。しかし、この血糖値と自己インスリン分泌能を考慮すると、毎日少なくとも一回はインスリン注射せざるを得ないと考えます。

Q．それでは、どのようにしていけばよいでしょう。

― 一日一回のインスリンであれば、朝か夜に、自宅で家族が自己注射しているところを見守ってもらうことが可能ですので、実践できると思います。

Q．そうですね。それでは、その他には何かよいアイデアはありますか。

― 朝・夕の食直前の服薬についても家族に見守ってもらえれば、確実に内服できたかを確認することができます。そうすれば、超速攻型インスリン注射の代わりに、超速攻型インスリン分泌促進薬やα-グルコシダーゼ阻害薬の内服も可能となります。

②クローズドクエスチョン中心の例

Q．今、運ばれてきた心筋梗塞の患者さんの血糖値はいくつでした？
―七〇〇mg／dℓです。
Q．われわれの病院のかかりつけの患者さんですか？
―いいえ。
Q．インスリン治療などの糖尿病治療はされていますか？
―いいえ、無治療です。
Q．会社の健康診断では、以前から高血糖を指摘されていましたか？
―はい、一〇年ほど前からだそうです。
Q．それでは、眼底検査なども検査したこともなさそうですね？
―はい、一度も検査したことはないと言っていました。

コーチングで行われる質問には、実は他にもさまざまな方法があります。ですので、もしご興味があれば関連書籍を読んでいただけると嬉しいです。

まずはここでご紹介した「クローズドクエスチョン」「オープンクエスチョン」や、未来志向の質問・過去志向の質問などを組み合わせて「コーチング」を始めてみるのはいかがでしょうか。

クライアントの状態を見ながら、「今のタイミングでは、この質問は答えにくそうだからクローズドクエスチョンをしてみよう」「少し発想が広がってきたら、未来志向のオープンクエスチョンをしてみよう」というように、その時々のシチュエーションに応じて、「道具」として使い分けができるようになってくると、コーチングの効果をより実感できると思います。

「フィードバックする」

最後にご紹介したいのが「フィードバック」です。質問を投げかけて、クライアントが話した内容にどう反応するかについて、大切な大前提は「クライアントの話を聞いて感じたことを感じたまま伝えること」、もう一つは「事実と感情を分けて伝えること」であると言われています。

たとえば、クライアントが発した言葉について、その内容を要約したり、オウム返しにしたりして受け止めた上で、「あなたはこう言いました（事実）。それに対して私はこう感じました（感情）」と、あくまでもそれがコーチ自身の考え・感情であることがわかるような形で伝えていきます。

「私はこう思う」というように、主語が自分であることを明確にして、感じた内容を伝えるものを「I（アイ）メッセージ」といいます。「アイメッセージ」を通じて、自分の発言へのリアクションを見たクライアントは、また新たな気づきを得て、思考をさらに深めていくことになります。

また、コーチングの最後に「提案」や「要望」を伝えることもあります。ただし、これらはあくまで「提案」や「要望」ですので、その意見をクライアントが取り入れるか否かは、クライアント自身の意思に委ねられることになります。

以上、コーチングによる対話の要諦をまとめると、大まかなステップとして「聴く」「質問する」「フィードバックする」という流れとなります。これらの一連のステップの中で、クライアント自身の内省を促しながら、Goalに向かって支援していくことが重要なポイントとなります。その過程において、一個人として相手を承認し、信頼関係を構築していけるように、常に心がけることが求められます。

コーチングを効果的に進める1on1のススメ

本章でご案内したような、コーチングの一連のステップを日常業務の中で発揮していくためには、1on1と呼ばれる手法を取り入れていくのも効果的です。私が医局員たちと1on1をどのように実行していったかは前述の通りですが、本章では、この1on1に関しての一般的な総論についてご紹介したいと思います。

1on1とは文字通り、一対一の形式で行われる個人面談のことです。

病院内でも、人事評価の面談や人事異動を知らせるような場面では、上司と部下が会議室などで面談を行う機会があるかもしれません。このような、一般的な人事面談は年一～二回程度の頻度で行われるのに対し、1on1はより日常的に行われることが多く、企業などでは、週一回や月一回の頻度で、十五～三十分程度の時間をかけて行っているところも多いようです。ここまでもご説明してきた通り、コーチングを行う上で大切なのは信頼関係です。普段から良好な関係にあれば、基本的にコミュニケーションの頻度は多いほど信頼関係は緊密になっていき、徐々に胸襟を開いて本音を話せるようになっていくものです。

また、一般的な人事面談では、上司から部下に評価を伝えたり、訓示や激励を送ったりすることが多く、どちらかというと「上司のメッセージを伝えるためのもの」になりがちです。一方、ここでご説明する1on1は**「部下のための時間」**となります。つまり、部下の考えを引き出したりするために使われるという点で両者は大きく異なるわけです。

ここまでご紹介してきたコーチングのエッセンスを盛り込みながら、ぜひ読者の皆様の職場でも実践をしていただけたらと思います。

あなたはどのタイプ？　クライアントの四類型

なお、1on1を通じて一人ひとりにコーチングを行っていく際には、個々のクライアントに応じてコミュニケーションの手法を臨機応変に変えていく必要があります。とはいえ、「クライアントごとに異なるコミュニケーション」をとろうと思っても、実践するのはそう簡単ではありません。

そうしたときに役に立つのが、クライアントの「タイプ分け」です。コーチングでは臨床心理学や組織行動学をベースにして、典型的な人間の性格類型を大きく四つに大分し、それぞれに応じたコミュニケーションの方法を提案しています。この四つのタイプの特徴を簡単に説明すると、次のようになります。[14]

14　株式会社コーチ・エィ　Hello, Coaching!　【図解】「タイプ分け™」とは　～あなたはどのタイプ？　タイプ分けで上手くいくコミュニケーション　https://coach.co.jp/whatscoaching/20170821.html　より引用

【図表10】タイプごとの特徴

	コントローラー	プロモーター	サポーター	アナライザー
口調	早口	早口	ゆっくり	ゆっくり
話の長さ	端的に結論から話すので、短い	話しが飛躍する傾向にあり、長い	内容を要約せずすべて話そうとし、長い	論理的に筋道を立てて話し、長い
声の調子	断言口調	抑揚が豊か	穏やか	淡々としている
典型的な表情	頼れそう	楽しそう	優しそう	まじめそう
好む話題のテーマ	仕事に関すること、日常的な課題	人間関係について	人間関係について	仕事に関すること、日常的な課題
会話時のスタンス	要点だけ話そうとする	影響を与えるように話す	期待に応じるように話す	正しく話そうとする

出所：コーチ・エィ「【図解】『タイプ分け™』とは　～あなたはどのタイプ？　タイプ分けで上手くいくコミュニケーション」をもとに筆者作成

- コントローラー：行動的で自分が思った通りに物事を進めることを好む
- プロモーター：アイデアを大切にし、人と活気あることをするのを好む
- サポーター：他人を援助することを好み、協力関係を好む
- アナライザー：行動に際して多くの情報を集め、分析、計画を好む

あらかじめお伝えしておくと、この**四類型の間に優劣はなく、どの類型の人も組織においては重要な役割を果たします**。また、複数の類型を併せ持つ人も多いことから、こうした「性格的な傾向」をレッテルとして杓子定規のコミュニケーションをとらないよう注意が必要です。

その上で、この四類型を実際に役立てるためにはまず、ご自身がどのタイプに当てはまるかを考えることからスタートしてみるのが良いでしょう。**図表10**のような傾向も参考にしつつ、ご自身がどのタイプに一番近いのかを考えてみましょう。

もし、ご自身で判断がつかないようであれば、周囲の方の意見も聞いてみるとよいかもしれません。また最近では診断ツールもかなり充実しているので、ご興味のある方は是非インターネットで検索してみるとよいかと思います。

ご自身がどの類型に属しそうか判断ができたら、次はクライアントがどのパターンを見極めます。日常のコミュニケーションでの傾向を探るのもいいでしょうし、診断ツールを活用してみてもいいかもしれません。そしてタイプがわかったら、それを日常のコミュニケーションにも生かしていきましょう。具体的なコミュニケーション方法は関連書籍等をご参照ください。

学習の段階

上記のようなクライアントの性格や特性に合致するような形で、コーチングを行っていくことにより、お互いの関係性に軋轢が生じることが少なく、部下も自分のペースで「成長」していくことができるでしょう。そのときにさらに意識しておくとよいのが「学習の段階」です。

一般的に人には、物事を覚え学習していくときにいくつかのステップがあると言われています。コーチングを行う際には、クライアントが今どのような段階にいるかも客観視しながら、本人が次のフェーズに進めるような「気づき」を与えていけるとさらに「成長」が進んでいくことになります。

一番イメージがしやすいのが自動車の運転だと思います。実際に「学習の段階」を車の運転に例えてみると、次のようになります。

一段階目：運転の仕方もわからないし、実際に運転もできない。

二段階目：教習所に行き座学の知識では運転の仕方がわかるが、実際に運転はできない。

三段階目：知識で運転の仕方はわかり、意識したときは運転もできる（初心者マーク）。

四段階目：免許を取り運転にも慣れて、何も考えなくても運転できる。

五段階目：無意識で行っている運転を意識し直し、人にも運転の知識や方法を教えられる。

クライアントは目的に向かって、このように一つずつステップを踏みながら、そして各段階を行ったりきたりしながら進んでいきます。四段階・五段階目にたどり着くには、一定の時間も必要になってくるので、それを踏まえサポートしていくとよいでしょう。

部下や研修医を指導する際に、先ほど申し上げたような「学習の五段階」を意識しておくと、指導医として、自分はどのレベルで指導を行っているかを客観的に認識することができます。

医師の中にも天性のコミュニケーション能力を持つ「カリスマドクター」がいます。実はこういった「カリスマ」性のある人は段階でいうと四段階目と言えます。特別な工夫がなくても患者さんとのコミュニケーションがうまくいきます。しかし一方で、意外なことに、無意識に行っていることなので、自身のとるコミュニケーション方法について、うまく人に教えることができない先生も少なくありません。そうすると、その「カリスマ」的な能力を持つ本人のみが持ち得る技術で、汎用性がなく、なかなか後進が育たないということが起こってきます。そして万が一、そのカリスマドクターが辞めてしまった途端、コミュニケーション能力を継承する医師がいなくなってしまうため、患者さんの診療においてもスタッフ間における臨床業務においても、それまでの高いレベルでのコミュニケーションが行えなくなってしまうことがしばしばあります。このことは、想像以上にその医療機関の医療レベルの低下を引き起こす可能性があります。ですので、できる限りこのような事態を避けるようにあらかじめ対策を講じておく必要があるでしょう。

そういったコミュニケーションスキルを継承していくための解決策が、コーチングを学ぶことであると私は考えています。コーチングを学ぶことにより、たとえばカリスマドクター自らが、**理論的に自分のコミュニケーション手法を解説できるようになる**という大きな利点につながります。

「今の患者さんとのコミュニケーションは、なぜうまくいったのか」、「どうして、これまでずっと手術を拒絶していた患者さんが、手術を承諾したのか」など、コミュニケーションの中に含まれている詳細な手法・テクニックを具体的に解説できることで、どんな医師でもある程度そのカリスマドクターに近いレベルで、多様な人たちと上手にコミュニケーションをとれるようになります。

私自身も、糖尿病支援（教育）入院チームで、部下や研修医にコミュニケーションの大切さを伝えたいと思っていたときに、この「五段階目：無意識で行っている運転を意識し直し、人にも運転の知識や方法を教えられる」ことができずに、非常にもどかしい思いをずっと持っていました。その後、医療コーチングを学んだことにより、きちんと理論的に指導を行えるようになったため、新医局員の医師でも、ある一定レベルできちんと患者さんとコミュニケーションをとってくれるようになりました。これは、どの医師が診療したとしても医療の質を下げることがないといった意味でも、実臨床上、非常に大きな成果だったと感じています。

私とコーチングの出会い

私がコーチングと出会ったのは伊豆へと赴任する、少し前のことでした。伊豆に赴任するまでの五～六年間ほどは、大学の本院で糖尿病教育入院担当のグループ長をしていましたが、先程もお話ししたように、当時の私は日常臨床の中で「もどかしさ」をずっと抱えていました。

ご存知の通り、糖尿病の診療においては、単に食事・運動療法や薬物療法の必要性を医師が一方的に訴えるだけでは、なかなか患者さんの心には響いてくれません。患者さんご自身が自分の病状にしっかりと問題意識を持って、前向きな姿勢で自らの生活習慣の改善を図るモチベーションが芽生えない限り、食事療法も運動療法も始めようとしてくれませんし、ましてや「インスリンを自分で打ってください」「一日三回薬を飲んでください」などといくら説明したところで、実際に行動に移してはもらえません。

医局員の中には、こういった患者さんとのコミュニケーションが得意な医師もいれば、不得手な人もいます。そういったバラツキをなくしたいと常々思っていました。できる限りみんなを高いレベルに上げていけるように腐心していたのですが、この「目に見えない道具」を理論的に説明することは、医療機器やデータ解析といった「目に見える道具」よりもイメージしにくい分、予想以上に難しく、どうにか理論を勉強できないかと悶々としていました。

そういった手詰まり感を抱えていたときに出会ったのが「医療コーチング」[15]でした。

本章でもご説明した通り、コーチングとは、クライアントの自発的な行動を促し、効果的な

15　医師をはじめとした医療提供者が、患者の行動変容（生活習慣改善）やＱＯＬ向上のために、コーチングの手法を、外来や病棟診察といった医療現場で活用する対話式メソッドです。メディカルコーチングや臨床コーチング等とも呼ばれています。本書では、「医療コーチング」という言葉を採用させていただきました。

目標達成をサポートするもので、大企業の管理職を中心に部下のマネジメントに生かすコミュニケーション手法として広がりつつあります。

そして、これを医療現場にも応用したのが医療コーチングです。特に糖尿病や生活習慣病で通院されている患者さんと医療コーチングは非常に親和性が高く、最近では、糖尿病専門医や糖尿病療養指導士の間でも学び始める方が増えてきています。

本来のコーチングを網羅的に習得しようとすると、半年から一年半くらいの期間、集中的に学習する必要があります。しかし、医療コーチングに関しては、週末や平日の夜に、数時間から一～二日くらいの時間で、そのエッセンスを学べる機会が各地で少しずつ増えてきています。私自身、大学病院本院に勤務していたころ、これらのいくつかの研修会に参加し、基本的な部分だけは理解できるようになりました。こういった機会を得るごとに、日常臨床に結び付けていくためにもっと深く（医療）コーチングを学んでみたいと思うようになり、伊豆への転勤をきっかけに本格的に学び始めました。結果として、コーチング的なアプローチが「医師の働き方改革」につながったことに、私自身が一番驚きました。

しかし、実のところコーチングは企業の中の組織開発として発展してきた歴史がありますから、病院内の組織開発としても有益であったとしても、何ら不思議はありません。そして、実際に偶然とはいえ、お示ししてきましたように、コーチング的なアプローチ手法は「医師の働き方改革」に非常に親和性があることが分かりました。

是非、みなさんも、まずは理論だけでも学んでみることをお勧めします。そして、法令遵守のためにも、今後の地域医療構想を考えていく上でも、コーチングという「目に見えない道具」を上手に使いこなしていくことが、二〇二四年以降も「勝ち抜いていける」ための有用な手段になると考えます。

おわりに

恥ずかしながら、まだまだ若手の糖尿病内科医だったころ、私にとって日々の臨床は「挑戦の場」のようなものでした。一般的に生活習慣病が要因の2型糖尿病患者さんにおいては、ほとんどすべてが自分より年上の方たちばかりでした。自分の父親の世代や祖父母の世代の患者さんを相手に、若造の私が、医師として対峙しなければならない。しかも、その年上の世代の人たちを説得して、食事療法や運動療法、インスリンなどの薬物療法をその患者さん自ら実行してもらわなければなりません。そのためにはどうすればよいのかと、日々、年上への患者さんたちへ「挑戦状」をたたきつけるような毎日でした。

自分の言うことをなかなか聞いてくれない患者さんたちに、いかに言い負けないようにして、治療に向き合わせるか。口では「まじめに服薬している」ようなことを言っていても、実際はむしろ血糖値が上昇しているような患者さんの姿を見ては、一喜一憂する日々が続きました。そして、当時は若かったこともあり、自分よりもずっと高齢で人生経験も豊富な患者さんを前にしたときは、見下されないように気を張って診療に当たっていたようにも思います。

昭和・平成という時代は、まさに医療機器や新薬など、目覚ましい医療の産業革命が次々に起こり、われわれ現代人はその恩恵を数多く享受しながら、長く健康的な生活を送ることができるようになってきました。

ただ、糖尿病ももちろんそうですが、いかなる分野の画期的な新薬が登場したとしても、その薬剤の対象となる患者さんが自らの治療にきちんと向き合ってくれない限り、望ましい結果が得られることはありません。そういう状況は、糖尿病内科に限らず、医療現場で働いている多くの医療者が日々感じていることだと思います。

もちろん、今後もさまざまな医療機器や新薬は次々に開発されていくでしょう。しかし、いくら医療機器や新薬が開発され続けていても、患者さんたちのＱＯＬが向上したかというと、必ずしもそうではないこともあるということに、近年、医療者だけでなく、一般の方々も気づき始めてきました。

私が医師になった二十年程前は、とにかく「延命」が日本の医療現場でのキーワードでした。ご家族は「一日でも長く生きてほしい」の一心で、俗に言う「スパゲッティ症候群」と言われた、点滴から経管栄養から人工呼吸器まで、あらゆる「管」につながれた両親や親族を目の当たりにしました。

一方で、最近では患者さんが高齢であればあるほど「スパゲッティ症候群」になってまでの延命を望まれるご家族は、二十年前に比べてかなり減ったように感じます。「本人にとっては無理やり眠らされた状態のままで、苦痛な思いをしていろいろな管につながれて、コミュニケーションが全くとれないのでは、家族として何の意味があるのか」。そういった思いから、きちんと最後までお互いに会話ができる状態であってほしいと願うご家族が増えてきたと感じます。

そういう意味では、かなり高度な進歩を遂げてきた医療界において、今後は医療機器や新薬といった目に見える医療道具以上に、「コミュニケーション」という**目に見えない医療道具が非常に重要視される時代**であると言えるのではないでしょうか。多様な価値観・人生観を持った患者さんの治療にあたるわれわれにとって、**これからの時代により強く求められていくことは、「目に見えない医療道具をきちんと扱える医師・医療者」**だと言えるのかもしれません。

私自身も、実はコーチングを学んだことで、患者さんに戦いを挑む「挑戦」のようなスタイルで診療をする代わりに、その方の人生観に「寄り添う」ことを意識して、お互い穏やかな空気・空間の中で診療を行うスタイルに変わってきました。

価値観の多様化は当然、患者さんだけではなく、現場の医療者にも起こっています。

私も研修医一年目の当時は、シニアレジデントから「患者を診察してから、絶対二十四時間以上空けるな」と常日頃から強く言われ、結局年間三百六十日以上研修病院に出勤し、必死に頑張っていたように思います。

ただ、時代は大きく変わってきており、今の若手医師の多くは、そういった体育会系の労働を良しとはしてくれません。

日常の臨床だけでなく病院内の体制づくりにおいても、「コミュニケーションにおける医療革命」が必要であると私は思っています。身を粉にして働くことが美学とされた昭和のような時代とは異なり、仕事以外にも成し遂げたいこと、実現させたい夢を持って人生を送っている医師・医療スタッフ一人ひとりに耳を傾け、患者さんをよくするという同じ方向に一緒に向き合いながら、医療機関として果たすべき責務を果たしていく。これからの医療機関のリーダーにはそんな姿勢が強く求められているのではないでしょうか。

近頃、医学生などの若者と話をしていますと、コミュニケーションスキルについて大変興味を持っている人が非常に多いことがわかります。

しかも、彼ら若い医学生や医療者からすると、「病院経営者や管理職レベルの医師であれば、こういったコミュニケーションスキルについては当然学んでいるし、もちろんコーチングなどについても詳しいものだ」と思っている人が非常に多いと感じています。一般企業であれば、こういったコミュニケーションスキルを持っていない上司だと気づかれてしまうと、あっという間に若い人たちからそっぽを向かれ、あっさり退職されてしまったり、時には「パワハラ」と訴えられてしまうことさえあるかもしれません。

この要因の一つとしては、若い人たちは子供の頃から何かしら「コミュニケーションスキル」を学んだり、触れる機会があったことが挙げられます。一方で、昭和の時代に育ったわれわれ四十歳代後半以降の世代の医療者にとって、そのようなスキルはほとんど教えてもらうことは皆無だったのではないでしょうか。ただ、こういった「すれ違い」が、実際に医療機関での雇用にも如実に問題として浮き彫りになってきているのが実情です。

そういったことを痛感しておられる病院経営者や管理職の医師も実際に増えてきているので、最近は本格的にコーチングを学んでおられる医療職の方々がかなり増えているのも事実です。

啐啄同時（そったくどうじ）

私は、患者さんを診療しているときに、この言葉を意識しています。

「啐啄同時」とは「禅」の言葉で、「啐」とは鶏の雛が卵から産まれ出ようとするとき、殻の中から卵の殻をつつく音のこと。そして、そのときにすかさず親鳥が外から殻をついばんで破る、これを「啄」と言います。そしてこの「啐」と「啄」が同時であってはじめて、殻が破れて雛が産まれてくる、これを「啐啄同時」と言うのだそうです。

たとえば、肥満があり、かなり血糖コントロール不良な状態の2型糖尿病患者さんが、大学病院の糖尿病専門医の外来へ紹介状を持って初診される。そういったタイミングを逃さずにインスリン導入や糖尿病支援入院の入院予約を行う。こういったシチュエーションでは、患者さんもある程度覚悟していますので、まさしくこれこそ「啐啄同時」のタイミングで、この瞬間を逃さないように日頃から心がけています。そして、この**「啐啄同時」のタイミングで治療できた患者さんほど、その後の経過も非常に良好で、ご本人の病気に対する意識も向上され、非常に元気に暮らされている方が多い**ことを、私自身、強く実感してきました。

「医師の働き方改革」においても、まさしく今が「啐啄同時」のタイミングではないでしょうか。

このタイミングで、コミュニケーションの手法などをしっかり学んでおく必要が、医師をはじめとする多くの医療者にはあると思います。そして、この**「医師の働き方改革」を機に、自分たちの病院も飛躍的に成長することができる**かもしれません。

また、「健康経営銘柄」や「ホワイト五〇〇」の企業に象徴されるように、令和の時代は「働きやすい環境を整えてくれている会社」や「今から伸びていく会社」に人が集まる傾向にあり、昭和の時代のような、とにかく大きくて有名な会社に人が集まった時代とは、隔世の念があります。

しかも、どこが伸びている会社か、どこがそうでない会社かは、今の時代、ニュースや新聞だけでなく、インターネット等でもどんどん情報がアップデートされています。われわれ産業医からすると、一般企業における「健康経営」関連のサバイバル合戦は凄まじいものがあり、残業・喫煙・メタボ対策などの本格化によって、どの企業も年々健康度合いがどんどん高まっていることを肌で感じています。

これは医療業界においても「対岸の火事」ではありません。研修医や若い看護師などは、このようにして、若い人同士での情報交換を盛んに行っています。今の時代、SNS等を使ってしまえば、今までは知り得なかったような病院内だけのオフレコ情報であっても、その日のうちに拡散し、若い人たちの中での周知の事実になってしまっていることも、可能性としては十分に考えられるのです。

今からでも全く遅くありません。「啐啄同時」で、病院経営者や幹部クラスの医師の先生方がコミュニケーションスキルを学べば、予想以上に臨床現場の雰囲気がガラッと変わっていく可能性があります。そして、そのよい「雰囲気」は若い医療者たちに、確実に伝わっていくことでしょう。**職場の雰囲気が良くなれば、貴重な医師・人材が退職しようと思わなくなり、その病院の医療レベルもその分上がっていくはずです。**そして、医療レベルが上がることにより、残業することなく売上を上げることも可能になってくると思います。

さらに、その良い影響は地域の活性にもつながっていきます。今まで以上に、皆さんの医療機関に活気が出てくれば、雇用も増え、経済的にも地域が盛り上がっていきます。今や、医療機関はその「まち」における一大産業なのです。

われわれの医局では、この「雰囲気」が変わったことが、予想以上に若い医師を刺激し、今では毎月常に一～二人の研修医が当科をラウンドしてくれているとのこと。そして、三年連続して静岡病院から研修医が当科へと入局してきてくれています。本書でもご紹介したわれわれのこれまでの取り組みは、厚生労働省関連のＷｅｂサイト「いきいき働く医療機関サポートＷｅｂ」（いきサポ）や厚生労働省が委託されている「医療勤務環境改善マネージメントシステムに基づく医療機関の取組に対する支援の充実を図るための検討委員会」の令和元年度の事業報告書にも掲載していただいております。[16]

全国のあらゆる地域の医療機関において、「医師の働き方改革」に則った対応が二〇二四年春までに実現できれば、これまでの時代とは異なった、**いきいきと働きやすく、かつ医療レベルが高い「臨床現場」を実現できる**のではないでしょうか。

そうすることによって、非常に臨床能力が高く、他の専門医の先生からも院内からも患者さんからも尊敬され、慕われていた優秀な臨床医が、あまりの残業時間の多さや雑用の多さに疲労困憊してしまい、「さすがに体がきつくなって」とか、「家族のことを考えるとやむを得ず」といった理由から、やむにやまれず、無念ではあるけれども仕方なく病院での臨床医を辞め、何となく開業医になってしまったというようなケースを減らすことができるかもしれません。

素晴らしい臨床能力を発揮することができる優秀な医師たちが、「医師の働き方改革」によって、過剰に疲弊することなく活躍し続けることができるような体制が続くことを願っています。そのために、病院の経営層の方や現場のリーダーの方々が音頭をとって、コメディカルスタッフ、そして地域の患者さんの支援も得ながら、現場がその臨床能力を遺憾なく発揮できる環境を整え、これからも日本の医療を支えていってもらえればと思います。

働き方改革関連法が医療現場にも適用される二〇二四年まで、もうそれほど時間はありません。

16　https://iryou-kinmukankyou.mhlw.go.jp/casestudy/issue-detail?issue-id=208

「誰も行きたがらない」「定時で帰れない」「収益も上がりにくい」といったようなシチュエーションは、今の日本のどんな地方における病院でも、実際には少なからず認めていることだと思われます。

本書で紹介したわれわれの取り組みでは、大学医局から診療科長として派遣された私が、「誰も行きたがらなかった」「定時で帰れなかった」「収益も上がりにくかった」ような、当時の一診療科の状況を、コーチングを用いて、数多くのスタッフからフィードバックももらいながら少しずつ改善していった様子をご紹介しました。もちろん私のやり方が一〇〇％正しいというわけでは決してないと思いますが、多くの方が「不可能だ」と思われるような、地方の医療機関における**「医師の働き方改革」**にも希望はあり、**各医療スタッフが一緒になって力を合わせていけば、「みんなが行きたがる」「みんなが定時で帰れる」「なおかつ収益も高まる」診療科や医療機関へと変貌することができる。**そして、**その好循環は継続していくこともできる**のだということを伝えたくて、筆を執らせていただきました。

私が、この本に書いたノウハウが少しでも参考になり、皆様の病院において何かしらのお役に立つことができれば、本当に嬉しく思います。

本書の上梓にあたって、この貴重な機会を与えて下さった株式会社中央経済社の市田由紀子氏と阪井あゆみ氏、本書の構想段階からアドバイスをいただいたライフプラン株式会社の本田祐介社長、エムスリー株式会社の島村友太氏に、心からの感謝の意を表したいと思います。

最後に、伊豆に単身赴任していたときにも、しっかりと家庭を支え頑張ってくれた妻由紀と子供たち二人にも改めて感謝したいと思います。

■著者紹介

佐藤 文彦（さとう　ふみひこ）

Basical Health産業医事務所 代表

日本糖尿病学会専門医・研修指導医、日本肥満学会専門医、日本医師会認定産業医、日本医師会認定健康スポーツ医、日本コーチ協会認定メディカルコーチ。

1998年順天堂大学医学部卒業後、順天堂大学 代謝内分泌学 助教、順天堂大学大学院 内科・代謝内分泌学専攻博士課程 卒業などを経て、2012年に順天堂大学附属静岡病院 糖尿病・内分泌内科 科長（兼 准教授）に就任。同院でコーチングの手法を活用し「医師の働き方改革」に着手。2016年から日本IBM株式会社にて専属産業医を務めた後、2018年に独立。

現在、健康保険組合やその関連企業での健康増進・予防医療などのコンサルタント業務を行いながら、糖尿病専門の外来診療、嘱託産業医としても活動する。令和２年度より、厚生労働省医政局委託事業「医療従事者勤務環境改善のための助言及び調査業務」検討委員会の委員に就任し、日本中の医師が安定的に病院で働き続けられる環境作りを進めている。

地方の病院は「医師の働き方改革」で勝ち抜ける

2020年11月25日　第１版第１刷発行

著　者　佐　藤　文　彦
発行者　山　本　　継
発行所　㈱　中　央　経　済　社
発売元　㈱中央経済グループパブリッシング

〒101-0051　東京都千代田区神田神保町1-31-2
電話　03（3293）3371（編集代表）
03（3293）3381（営業代表）
http://www.chuokeizai.co.jp/
印刷／㈱ 堀 内 印 刷 所
製本／㈲ 井 上 製 本 所

ISBN978-4-502-36331-3　C3034

好評既刊

健康・医療の基本を東大教授がゼロから解説！

健康の経済学

医療費を節約するために知っておきたいこと

東京大学大学院医学系研究科教授
康永秀生［著］

四六判・並製・272頁

目次

序　章　健康や医療を経済で考えてみよう
第１章　検査を賢く選ぼう
第２章　脱！　薬漬け医療
第３章　薬代を節約する
第４章　効果がなくても薬が売れる！？
第５章　救急車は有料にするべきか
第６章　自由に病院が選べるのは良いことか
第７章　日本に病院が多い理由
第８章　医師が無駄な医療を誘発する？
第９章　規制緩和のメリット・デメリット
第10章　医師は足りてる？　足りてない？
第11章　どうしたら医療費を減らせるのか

中央経済社